中华国学经典诵读本

庄子

诸华 邓启铜 注释

东南大学出版社
SOUTHEAST UNIVERSITY PRESS

图书在版编目（CIP）数据

庄子 / 诸华，邓启铜注释. —南京：东南大学出版社，
2016.4
（"尚雅"国学经典书系：中华国学经典诵读本 / 诸华，
邓启铜主编.）
 ISBN 978-7-5641-6372-3

Ⅰ. ①庄… Ⅱ. ①诸… ②邓… Ⅲ. ①道家 ②《庄子》
-青少年读物 Ⅳ. ①B223.5-49

中国版本图书馆 CIP 数据核字（2016）第 032049 号

庄 子

责任编辑	彭克勇
封面设计	邓启铜
出版发行	东南大学出版社
社　　址	南京市四牌楼2号　邮编：210096
出 版 人	江建中
网　　址	http://www.seupress.com
印　　刷	东莞市信誉印刷有限公司
开　　本	787mm×1092mm　1/16
印　　张	10
字　　数	200千字
版　　次	2016年4月第1版
印　　次	2016年4月第1次印刷
书　　号	ISBN 978-7-5641-6372-3
定　　价	20.00元

东大版图书若有印装质量问题，请直接向营销部调换　电话：025-83791830

　　我们为处在互联网时代深感忧虑，互联网带来的便利显而易见，同时互联网上支离破碎、泥沙混杂的信息，使社会的浮躁风气大有日盛之势，带来的恶果已然显现：拜金主义盛行，人们笑贫不笑娼；劣币驱逐良币，假冒伪劣产品泛滥，人人都想得到质优价廉的产品，完全忘了"一分价钱一分货"的铁律！甚至认为自己比全世界的人都聪明：可以不劳而获！期待着天上掉下馅饼正好砸中自己，殊不知砸来的是铁饼！看看天天上演的悲喜剧、闹剧、贪腐剧，那些想靠诈骗、赌博发家，钻营投机、贪腐致富的，有几个不是被命运打得鼻青脸肿的？！

　　所幸，习总书记再三强调弘扬中华传统文化的重要性与迫切性，作为专注研究、推广传统文化经典十几年的学人，感慨良多：

　　第一，互联网无论怎么发达，都只是工具而已，我们的核心价值观才是生命力！中华优秀传统文化历经千百年的锤炼，理应作为中国人的核心价值源泉！

第二，我们应该倡导人人讲真话的社会原则，让浮躁的社会风气归于脚踏实地，让那些假大空失去生存土壤。

第三，我们应该鼓励和培养工匠精神，而不是鼓励那种投机取巧的赌徒心理：人人都盼望一夜暴富，看不起兢兢业业的老实人。要相信，唯有踏踏实实的工匠精神，世界才会更美好！

我们认为，诵读经典至为重要！

诵读经典吧，为了享受自己的幸福人生！一个喜欢读书的人，才有精彩的人生！

诵读经典吧，为了我们伟大的中华民族！一个喜欢读书的民族，才有可能体面地立于世界民族之林！

诵读经典吧，为了我们的强国梦！一个喜欢读书的国家，才有可能成为世界强国！

我们在"中华传统文化经典注音全本"的基础上，选取了二十四本篇幅适中、广为传诵的经典，对其中篇幅较长的进行了适当节选，以满足部分读者求精的需求。这些经典，都是经过十几年的市场检验，真正称得上十几年磨一剑的工匠产品，无论注音注释都可以称得上市场同类图书的翘楚，读者尽可放心诵读。

当然，囿于水平和掌握资料的限制，肯定有不当之处，欢迎方家不吝赐教，以便我们在重印时修订。

诸　华　邓启铜
2016年3月

内 篇

xiāo yáo yóu
逍遥游 ……… 2

qí wù lùn
齐物论 ……… 12

yǎng shēng zhǔ
养生主 ……… 34

rén jiān shì
人间世 ……… 39

外 篇

pián mǔ
骈拇 ……… 61

mǎ tí
马蹄 ……… 68

qū qiè
胠箧 ……… 73

tiān yùn
天运 ……… 82

shàn xìng
缮性 ……… 101

qiū shuǐ
秋水 ……… 105

zhì lè
至乐 ……… 126

杂 篇

yù yán
寓言 ……… 138

shuō jiàn
说剑 ……… 145

渔乐图 明·吴 伟

南华真经序

　　夫庄子者，可谓知本矣，故未始藏其狂言。言虽无会，而独应者也。夫应而非会，则虽当无用；言非物事，则虽高不行。与夫寂然不动，不得已而后起者，固有间矣，斯可谓知无心者也。夫心无为，则随感而应，应随其时，言唯谨尔。故与化为体，流万代而冥物，岂曾设对独遘而游谈乎方外哉！此其所以不经而为百家之冠也。

　　然庄生虽未体之，言则至矣。通天地之统，序万物之性，达死生之变，而明内圣外王之道，上知造物无物，下知有物之自造也。其言宏绰，其旨玄妙。至至之道，融微旨雅，泰然遣放，〔放〕而不敖。故曰：不知义之所适，倡狂妄行，而蹈其大方。含哺而熙乎澹泊，鼓腹而游乎混茫。至仁极乎无亲，孝慈终于兼忘，礼乐复乎已能，忠信发乎天光。用其光则其朴自成。是以神器独化于玄冥之境而源深流长也。

　　故其长波之所荡，高风之所扇，畅乎物宜，适乎民愿。弘其鄙，解其悬，洒落之功未加，而矜夸所以散。故观其书，超然自以为已当，经昆仑，涉太虚，而游惚恍之庭矣。虽复贪婪之人，进躁之士，暂而揽其馀芳，味其溢流，仿佛其音影，犹足旷然有忘形自得之怀，况探其远情而玩永年者乎！遂绵邈清遐，去离尘埃，而返冥极者也。

河南郭象子玄撰

庄子像

内 篇

庄生逍遥游图　清·任　熊

逍遥游

❶ 北冥有鱼①，其名为鲲②。鲲之大，不知其几千里也；化而为鸟，其名为鹏③。鹏之背，不知其几千里也；怒而飞④，其翼若垂天之云⑤。是鸟也，海运则将徙于南冥⑥。南冥者，天池也⑦。

《齐谐》者⑧，志怪者也⑨。《谐》之言曰："鹏之徙于南冥也，水击三千里⑩，抟扶摇而上者九万里⑪，去以六月息者也⑫。"野马也⑬，尘埃也，生物之以息相吹也。天之苍苍，其正色邪⑭？其远而无所至极邪⑮？其视下也，亦若是则已矣。

注释：①冥：通溟，海。②鲲：指传说中的大鱼。③鹏：指传说中的神鸟。④怒：奋起。⑤垂：边际，这个意义后代写作"陲"。一说遮，遮天。⑥海运：海水运动，这里指汹涌的海涛。徙：迁移。⑦天池：天然的大池。⑧《齐谐》：书名。⑨志：记载。⑩击：拍打。⑪抟：环绕。扶摇：旋转而上的暴风。⑫去：飞离。息：气息，即风。一作停歇。⑬野马：浮动的雾气。⑭正色：本色。⑮极：尽。

且夫水之积也不厚，则其负大舟也无力①。覆杯水于坳堂之上②，则芥为之舟③；置杯焉则胶④，水浅而舟大也。风之积也不厚，则其负大翼也无力。故九万里，则风斯在下矣⑤，而后乃今培[凭]风⑥；背负青天而莫之夭阏者⑦，而后乃今将图南⑧。蜩与学鸠笑之曰⑨："我决起而飞⑩，抢榆枋⑪，时则不至而控于地而已矣⑫，奚以之九万里而南为⑬？"适莽苍者⑭，三飡[餐]而反[返]，腹犹果然⑮；适百里者，宿舂粮⑯；适千里者，三月聚粮。之二虫又何知⑰！

小知[智]不及大知[智]，小年不及大年。

注释：①负：承载。②覆：倾倒。坳堂：堂中凹处。③芥：小草。④胶：粘着。⑤斯：则，就。⑥培：凭借。⑦夭阏：阻拦。⑧图南：图谋南行。⑨蜩：蝉。学鸠：斑鸠。⑩决：疾飞。⑪抢：撞，碰到。榆：榆树。枋：檀木。⑫控：投落。⑬奚以……为什么。之：往。⑭适：往。莽苍：近郊。⑮果然：饱的样子。⑯宿舂粮：成玄英疏："舂捣粮食，为一宿之备。"指出发的前一天要用一整夜来舂好米，准备干粮。从上下文的"三飡"、"三月"来看，"宿"之前应当脱漏或省略"一"字。宿，这里指一夜。⑰之：这。二虫：指蜩与学鸠。

奚以知其然也？朝菌不知晦朔①，蟪蛄不知春秋②，此小年也。楚之南有冥灵者③，以五百岁为春，五百岁为秋；上古有大椿者④，以八千岁为春，八千岁为秋⑤。而彭祖乃今以久特闻⑥，众人匹之⑦，不亦悲乎！

注释：①朝菌：一种朝生暮死的菌类植物。晦：月终。朔：月初。②蟪蛄：寒蝉。春秋：指一整年。③冥灵：树名。④椿：椿树。⑤疑此句后当有"此大年也"一句。此句虽不见于流行于世诸本，但据上下文以及成玄英疏当有。⑥乃今：现今。特：独。闻：闻名于世。⑦匹：相比。

十二曲琼钩，文梁燕子楼图　清·任　熊

汤之问棘也是已①：穷发②之北有冥海者，天池也。有鱼焉，其广数千里，未有知其修者③，其名为鲲。有鸟焉，其名为鹏，背若太山④，翼若垂天之云，抟扶摇羊角而上者九万里⑤，绝云气⑥，负青天，然后图南，且适南冥也。斥鴳笑之曰⑦："彼且奚适也？我腾跃而上，不过数仞而下⑧，翱翔蓬蒿之间，此亦飞之至也⑨。而彼且奚适也？"此小大之辩也。

故夫知效一官⑩，行比一乡⑪，德合一君⑫，而徵一国者⑬，其自视也，亦若此矣。而宋荣子犹然笑之⑭。且举世而誉之而不加劝⑮，举世而非之而不加沮⑯，定乎内外之分⑰，辩乎荣辱之境⑱，斯已

注释：①汤：商汤。棘：商朝大夫。已：如此，这样。②穷发：不长草木的地方。③修：长。④太山：泰山。⑤羊角：指回旋如羊角状的旋风。⑥绝：超越。⑦鴳：一种小鸟。⑧仞：古代度量单位。⑨至：极限。⑩知：智慧。效：胜任。⑪行：品行。古音 xìng。比：亲近。古音 bì。⑫德：道德。合：投合。⑬而：通"能"。能力。征：取信。⑭宋荣子：战国时期的思想家。犹然：讥笑的样子。⑮举：全。劝：努力。⑯非：批评。沮：沮丧。⑰定：确定。内：主观。外：客观。分：界限。⑱辩：通"辨"。区分。境：限度。

道遥游

矣。彼其于世未数数然也①。虽然，犹有未树也。夫列子御风而行②，泠然善也③，旬有五日而后反。彼于致福者④，未数数然也。此虽免乎行，犹有所待者也⑤。若夫乘天地之正⑥，而御六气之辩⑦，以游无穷者⑧，彼且恶乎待哉⑨！故曰：至人无己⑩，神人无功⑪，圣人无名⑫。

注释：①数数然：常常这样。②列子：列御寇，战国时代思想家。御：乘。③泠然：轻快的样子。④致福者：求得幸福之事。⑤待：依赖。⑥天地之正：天地的自然状态。⑦六气：指阴、阳、风、雨、晦、明六种气象。⑧无穷：无边无际。⑨恶：何。待：凭借。⑩无己：超越自我。⑪无功：不求有功。⑫无名：不求有名。

披头女孪骑淫虹图 清·任 熊

2 尧让天下于许由，曰："日月出矣而爝火不息①，其于光也，不亦难乎！时雨降矣而犹浸灌②，其于泽也③，不亦劳乎④！夫子立而天下治⑤，而我犹尸之⑥，吾自视缺然⑦，请致天下⑧。"许由曰："子治天下，天下既已治也。而我犹代子，吾将为名乎？名者，实之宾也⑨。吾将为宾乎？鹪鹩巢于深林⑩，不过一枝；偃鼠饮河⑪，不过满腹。归休乎君，予无所用天下为！庖人虽不治庖⑫，尸祝不越樽俎而代之矣⑬。"

肩吾问于连叔曰⑭："吾闻言于接舆⑮，大而无当⑯，往而不返。吾惊怖其言，犹河汉而无极也；大有径庭，不近人情

注释：①爝火：火把。②时雨：及时雨。③泽：润泽。④劳：徒劳。⑤立：在位。⑥尸：指空居其位。⑦缺然：不够格。⑧致：送给。⑨宾：从属。⑩鹪鹩：一种善于筑巢的小鸟。⑪饮河：在河边饮水。⑫庖人：厨师。⑬尸祝：主持祭祀的人。樽：酒器。俎：盛肉的器皿。⑭肩吾、连叔：古代修道之人。⑮接舆：楚国隐士。⑯当：底，边际。

焉。"连叔曰："其言谓何哉？"曰："藐姑射之山①，有神人居焉，肌肤若冰雪②，淖约若处子③。不食五谷，吸风饮露。乘云气，御飞龙，而游乎四海之外。其神凝④，使物不疵疠而年谷熟⑤。吾以是狂誑而不信也⑥。"连叔曰："然。瞽者无以与乎文章之观⑦，聋者无以与乎钟鼓之声。岂唯形骸有聋盲哉？夫知(智)亦有之。是其言也，犹时女(汝)也。之人也，之德也，将旁礴万物以为一世蕲乎乱⑧，孰弊弊焉以天下为事⑨？之人也，物莫之伤，大浸稽天而不溺⑩，大旱金石流、土山焦而不热。是其尘垢秕糠⑪，将犹陶铸尧、舜者也⑫，孰肯以物为事？"

注释：①藐：遥远。②冰：古凝字。肤若凝雪，形容人的肌肤如凝雪那样洁白而润滑。③淖约：姿态柔美。处子：处女。④凝：神情专一。⑤疵疠：病灾。⑥狂：借为誑，蒙骗。⑦瞽者：盲人。文章：色彩。⑧旁礴：包容。蕲：求。乱：治。⑨弊弊焉：忙忙碌碌的样子。⑩大浸：大水。稽：到。⑪秕：瘪谷。⑫陶铸：造就。

宋人资章甫而适诸越①，越人断发文身②，无所用之。尧治天下之民，平海内之政，往见四子藐姑射之山③，汾水之阳④，窅然丧其天下焉⑤。

注释：①资：卖。章甫：殷代冠名。②断发：不留头发。文身：在身体上刺画有色的图案或花纹。③四子：寓言中的四位神人。④阳：山之南、水之北曰阳。⑤窅然：茫茫然。丧：忘记。

尧帝访贤让天下图 清·佚 名

3 惠子谓庄子曰①："魏王贻我大瓠之种②，我树之成而实五石③，以盛水浆，其坚不能自举也④。剖之以为瓢，则瓠落无所容⑤。非不呺然大也⑥，吾为其无用而掊之⑦。"庄子曰："夫子固拙于用大矣⑧。宋人有善为不龟手之药者⑨，世世以洴澼絖为事⑩，客闻之，请买其方百金⑪。聚族而谋曰：'我世世为洴澼絖，不过数金；今一朝而鬻技百金⑫，请与之。'客得之，以说吴王⑬。越有难，吴王使之将⑭。冬，与越人水战，大败越人，裂地而封之。能不龟手，一也⑮；或以封，或不免于洴澼絖，则所用之异也。今子有五石之瓠，何不虑以为大樽而浮乎江湖⑯，而忧

注释：①惠子：惠施，先秦名家代表。②贻：赠送。大瓠：大葫芦。③树：种植。石：重量单位，百二十斤为石。古音 shí，今音 dàn。④举：拿起来。⑤瓠落：很大很大的样子。无所容：无处可容。⑥呺然：空虚巨大的样子。⑦掊：砸破。⑧拙于：不善于。⑨龟手：指手皮冻裂如龟纹。⑩洴澼：漂洗。絖：丝絮。⑪方：药方。⑫鬻：卖。⑬说：游说。⑭难：发难。将：统帅部队。⑮一：一样的。⑯樽：葫芦形酒樽。

其瓠落无所容？则夫子犹有蓬之心也夫①！"

惠子谓庄子曰："吾有大树，人谓之樗②。其大本拥肿而不中绳墨③，其小枝卷曲而不中规矩④，立之涂⑤，匠人不顾。今子之言，大而无用，众所同去也⑥。"

庄子曰："子独不见狸狌乎⑦？卑身而伏，以候敖者⑧；东西跳梁⑨，不辟高下；中于机辟⑩，死于罔罟⑪。今夫斄牛⑫，其大若垂天之云。此能为大矣，而不能执鼠。今子有大树，患其无用，何不树之于无何有之乡⑬，广莫之野，彷徨乎无为其侧，逍遥乎寝卧其下。不夭斤斧⑭，物无害者。无所可用，安所困苦哉！"

注释：①蓬之心：指见识浅薄。②樗：臭椿树。③**大本**：树的主干。**拥肿**：臃肿。④规矩：即圆规和角尺。⑤涂：通"途"，道路。⑥去：摒弃。⑦狸：野猫。狌：黄鼠狼。⑧候：等待。敖：通"遨"，遨游。⑨跳梁：跳跃、窜跃。梁通"踉"。⑩机辟：机关陷阱。⑪罔：通"网"，捕兽用。罟：网类，捕鱼用。⑫斄牛：牦牛。⑬无何有：空荒。⑭夭：折。斤：大斧。

齐物论

1 南郭子綦隐机而坐①，仰天而嘘②，嗒焉似丧其耦③。颜成子游立侍乎前④，曰："何居乎⑤？形固可使如槁木，而心固可使如死灰乎？今之隐机者，非昔之隐机者也。"子綦曰："偃，不亦善乎，而问之也！今者吾丧我，汝知之乎？女闻人籁而未闻地籁，女闻地籁而未闻天籁夫！"子游曰："敢问其方⑥？"子綦曰："夫大块噫气⑦，其名为风。是唯无作，作则万窍怒呺，而独不闻之翏翏乎⑧？山林之畏佳⑨，大木百围之窍穴，似

注释：①隐：凭靠。机：几案。②嘘：缓慢地吐气。③嗒焉：失神的样子。耦：通"偶"，指与精神相匹对的躯体。④颜成子游：子綦的学生，姓颜名偃。⑤居：安处。⑥方：道理。⑦大块：大地。噫气：气壅而忽通。⑧翏翏：悠长的风声。⑨畏佳：通"崔崔"，山陵高峻的样子。佳，一本作"佳"。

鼻，似口，似耳，似枅^①，似圈，似臼，似洼者，似污者；激者，謞者，叱者，吸者，叫者，譹者，宎者，咬者^②，前者唱于而随者唱喁^③。泠风则小和^④，飘风则大和^⑤，厉风济则众窍为虚^⑥。而独不见之调调之

注释：①枅：木制的酒瓶。②激：急流声。謞：飞箭声。叱：发怒声。譹：哭号声。宎：沉吟声。咬：哀叹声。③前者：指风。随者：指窍穴。于、喁：相应和的声音。④泠风：小风。⑤飘风：大风。⑥厉风：烈风。

沧江横笛图 元·盛懋

齐物论

刁刁乎①？"子游曰："地籁则众窍是已，人籁则比竹是已②。敢问天籁？"子綦曰："夫吹万不同③，而使其自己也④。咸其自取⑤，怒者其谁邪⑥？"

❷ 大知(智)闲闲⑦，小知(智)间间⑧；大言炎炎⑨，小言詹詹⑩。其寐也魂交⑪，其觉也形开⑫，与接为构⑬，日以心斗。缦(慢)者⑭，窖者⑮，密者。小恐惴惴，大恐缦缦⑯。其发若机栝⑰，其司(伺)是非之谓也⑱；其留如诅盟⑲，其守胜之谓也；其杀若秋冬⑳，以言其日消也；其溺之所为之㉑，不可使复之也；其厌也如缄㉒，以言其老洫也㉓；近

注释：①调调、刁刁：形容摇摆之状。②比竹：多支竹管并列而成的乐器。比，古音 bì。③吹万：风吹千万个窍穴。④自己：自身。指洞穴发出各自的声音。己，一说当作"已"，意思为停止。此说显得勉强，不具说服力。⑤咸：都。⑥怒：发动。⑦闲闲：广博豁达的样子。⑧间间：明察细别的样子。⑨炎炎：猛烈，这里比喻说话时盛气凌人。⑩詹詹：言语琐细，说个没完。⑪魂交：心神不宁，心烦意乱。⑫觉：睡醒。形开：四体不安。⑬接：接触，这里指与外界接触。构：交往。⑭缦：通"慢"，迟缓。⑮窖：设下陷阱。⑯惴惴：恐惧不安的样子。缦缦：神情沮丧的样子。⑰机栝：机，弩的发箭器。栝，矢末扣弦之处。⑱司：通"伺"，窥视。⑲留：守住，指留存内心。诅盟：誓约。⑳杀：衰败。㉑溺：沉溺。㉒厌：闭藏。缄：绳索，这里是用绳索加以束缚的意思。㉓老洫：老朽枯竭。

死之心，莫使复阳也①。喜怒哀乐，虑叹变慹㊟②，姚佚启态③；乐出虚④，蒸成菌⑤。日夜相代乎前⑥，而莫知其所萌⑦。已乎⑧！已乎！旦暮得此⑨，其所由以生乎⑩！非彼无我，非我无所取⑪。是亦近

注释：①复阳：恢复生机。②变：反复。慹：不动貌。通"蛰"。③姚：轻浮。佚：放纵。启：张狂。态：装模作样。④乐出虚：乐声发自空虚的窍孔。⑤蒸成菌：地气蒸发长成各种菌类。⑥相代：交替变化。⑦萌：产生。⑧已：止，算了。⑨旦暮：昼夜，这里表示时间很短。⑩所由：产生的原由。由，从，自。⑪取：呈现。

齐物论

伯乐相马图　清·吴友如

矣，而不知其所为使①。若有真宰②，而特不得其朕③。可行己信，而不见其形，有情而无形④。百骸⑤，九窍，六藏[脏]，赅而存焉⑥，吾谁与为亲⑦？汝皆说[悦]之乎？其有私焉⑧？如是皆有为臣妾乎？其臣妾不足以相治乎？其递相为君臣乎？其有真君存焉⑨？如求得其情与不得⑩，无益损乎其真。一受其成形⑪，不忘[亡]以待尽。与物相刃相靡[摩]⑫，其行尽如驰，而莫之能止，不亦悲乎！终身役役而不见其成功⑬，苶然疲役而不知其所归⑭，可不哀邪！人谓之不死，奚益！其形化，其心与之然，可不谓大哀乎？人之生也，固若是芒乎⑮？其我独芒，而人亦有不芒者乎？

注释：①所为使：为……所驱使。②真宰：天然的主宰者。③特：但，只。朕：征兆，迹象。④情：真，指事实上的存在。⑤百：概数，言其多，非确指。骸：骨节。⑥赅：齐备。⑦谁与：与谁。⑧私：偏私，偏爱。⑨真君：天然的主宰者。⑩情：究竟，实情。⑪一：一旦。⑫刃：残杀。靡：通"摩"，摩擦。⑬役役：劳碌的样子。⑭苶然：疲倦困顿的样子。疲役：疲于役，为役使所疲顿。⑮芒：愚昧。

夫随其成心而师之①，谁独且无师乎？奚必知代而心自取者有之②？愚者与有焉。未成乎心而有是非，是今日适越而昔至也③。是以无有为有。无有为有，虽有神禹④，且不能知，吾独且奈何哉？

注释：①成心：主观意识。②奚必：何必。代：更改，变化。取：取信。③适：往，去。昔：昨日。④神禹：神明的夏禹。

弹我箜篌图　清·任　熊

❸ 夫言非吹也①，言者有言，其所言者特未定也②。果有言邪？其未尝有言邪？其以为异于鷇音③，亦有辩乎，其无辩乎？道恶乎隐而有真伪④？言恶乎隐而有是非？道恶乎往而不存？言恶乎存而不可？道隐于小成⑤，言隐于荣华⑥。故有儒墨之是非⑦，以是其所非而非其所是。欲是其所非而非其所是，则莫若以明⑧。

物无非彼，物无非是。自彼则不见，自知则知之⑨。故曰：彼出于是，是亦因彼。彼是方生之说也⑩，虽然，方生方死，方死方生；方可方不可，方不可方可⑪；因是因非，因非因是⑫。是以圣人不由，而照之于天⑬，亦因是也⑭。是亦彼也，彼

注释：①吹：风吹。②特：但，只。③鷇音：刚刚破卵而出的鸟的叫声。④恶：何，怎么。⑤成：成就。⑥荣华：木草之花，这里指华丽的词藻。⑦儒墨：儒家和墨家。⑧莫若以明：不如用空明的心境听其自然。以：用。明：空明。⑨自知：疑为"自是"之误。⑩方生：并存。⑪方：始，随即。⑫因：遵循，依托。⑬由：自，经过。照：观察。天：这里指事物的自然，即本然。⑭因：顺着。

亦是也。彼亦一是非，此亦一是非①。果且有彼是乎哉？果且无彼是乎哉②？彼是莫得其偶③，谓之道枢④。枢始得其环中⑤，以应无穷⑥。是亦一无穷，非亦一无穷也。故曰莫若以明。

以指喻指之非指，不若以非指喻指之非指也⑦；以马喻马之非马⑧，不若以非马喻马之非马也。天地一指也，万物一马也。

可乎可，不可乎不可。道行之而成，物谓之而然⑨。恶乎然⑩？然于然。恶乎不然？不然于不然。物固有所然，物固有所可。无物不然，无物不可。故为是举莛与楹⑪，厉与西施⑫，恢恑憰怪⑬，道通为

注释：①一：同一，同样。②果：果真。③偶：对，对立面。④枢：枢要。道枢：大道的关键之处。⑤环中：环的中心。得其环中：喻指抓住要害。⑥应：适应，顺应。⑦指：即组成事物的要素。喻：说明。⑧马：跟上句的"指"一样，同是当时论辩的主要论题。⑨谓：称谓，称呼。然：这样。⑩然：对的，正确的。⑪莛：草茎。楹：厅堂前的木柱。⑫厉：其本义为砺，即磨刀石，砺石粗砺，引申为粗，又引申为丑恶。这里用以形容丑陋的女人。西施：吴王的美姬，古代著名的美人。⑬恢：诙谐。憰：通"谲"，欺诈。

一①。其分也②，成也；其成也，毁也。凡物无成与毁，复通为一。唯达者知通为一③，为是不用而寓诸庸④。庸也者，用也⑤；用也者，通也；通也者，得也⑥；适得而几矣⑦。因是已⑧，已而不知其然⑨，谓之道。

注释：①一：一体。②分：分开，分解。③达：通达。④为是不用：为了这个缘故不用固执己见。寓：寄托。诸：之于。庸：指平常之理。⑤用：有用。⑥得：中，合乎常理的意思。⑦适：恰。几：接近。⑧因：顺应。⑨已："因是已"的省略。

群猿摘果图　南宋·无款

劳神明为一而不知其同也①，谓之朝三。何谓朝三？狙公赋芧②，曰："朝三而暮四。"众狙皆怒。曰："然则朝四而暮三。"众狙皆悦。名实未亏而喜怒为用③，亦因是也。是以圣人和之以是非而休乎天钧④，是之谓两行⑤。

古之人，其知有所至矣⑥。恶乎至？有以为未始有物者，至矣，尽矣，不可以加矣。其次以为有物矣，而未始有封也⑦。其次以为有封焉，而未始有是非也。是非之彰也，道之所以亏也。道之所以亏，爱之所以成⑧。果且有成与亏乎哉？果且无成与亏乎哉？有成与亏，故昭氏之鼓琴也⑨；无成与亏，故昭氏之不鼓琴也。

注释：①劳：操劳，耗费。神明：心思，指精神和才智。为一：达成一致。②狙：猴子。狙公：养猴子的人。赋：给予。芧：橡子。③为用：为之所用，意思是喜怒因此而有所变化。④和：调和。休：休息，这里含有优游自得地生活的意思。钧：通"均"。天钧：自然而又均衡。⑤两行：物与我自行发展。⑥至：造极，最高的境界。⑦封：疆界，界线。⑧爱：偏私。⑨昭氏：即昭文，以善于弹琴著称。

齐物论

昭文之鼓琴也，师旷之枝策也①，惠子之据梧也②，三子之知[智]几乎皆其盛者也③，故载之末年④。唯其好之也，以异于彼，其好之也，欲以明之。彼非所明而明之，故以坚白之昧终⑤。而其子又以文之纶

注释：①师旷：晋平公时的著名乐师。枝策：举杖击节。②惠子：惠施，古代名家学派的著名人物。据：依。梧：树名。③几：尽，意思是达到了顶点。④载：记载。末年：后代。⑤坚白：坚白论是战国时期名辩的论题之一。当时以公孙龙为首的名家主张"离坚白"，而墨家主张"盈坚白"。当时惠施也参加了此论辩。昧：迷惑。

师旷辨乐兴亡图

终①，终身无成。若是而可谓成乎？虽我亦成也②。若是而不可谓成乎？物与我无成也。是故滑疑之耀③，圣人之所图也④。为是不用而寓诸庸，此之谓以明。

❹ 今且有言于此，不知其与是类乎⑤？其与是不类乎？类与不类，相与为类，则与彼无以异矣。虽然，请尝言之。有始也者，有未始有始也者，有未始有夫未始有始也者。有有也者，有无也者，有未始有无也者，有未始有夫未始有无也者。俄而有无矣⑥，而未知有无之果孰有孰无也。今我则已有谓矣⑦，而未知吾所谓之其果有谓乎，其果无谓乎？天下莫大于秋豪之末⑧，而大泰山为小⑨；莫寿于

注释：①其子：指昭文之子。纶：绪，这里指继承昭文的事业。②这句语意有所隐含，意思是"虽我无成亦成也"。③滑疑：惑乱。耀：炫耀。④图：疑为"鄙"字之误，瞧不起、摒弃的意思。⑤类：同类，相同。⑥俄而：突然。⑦谓：评说，议论。⑧于：比。豪：通"毫"，细毛。末：末梢。⑨大山：即泰山。

殇子①，而彭祖为夭②。天地与我并生，而万物与我为一。既已为一矣，且得有言乎？既已谓之一矣，且得无言乎？一与言为二，二与一为三。自此以往，巧历不能得③，而况其凡乎④！故自无适有⑤，以至于三，而况自有适有乎！无适焉，因是已⑥。

注释：①寿：长命。殇子：夭折的幼童。②夭：夭折，短命。③历（曆）：历数，计算。④凡：平凡，这里指普通的人。⑤适：往，到。⑥因：顺应。已：矣。

天降赤虹图　明·仇英

夫道未始有封①，言未始有常②，为是而有畛也③，请言其畛：有左，有右，有伦，有义④，有分，有辩，有竞，有争，此之谓八德⑤。六合之外⑥，圣人存而不论；六合之内，圣人论而不议⑦。春秋经世先王之志⑧，圣人议而不辩。

故分也者，有不分也；辩也者，有不辩也。曰：何也？圣人怀之⑨，众人辩之以相示也⑩。故曰：辩也者，有不见也。夫大道不称⑪，大辩不言，大仁不仁，大廉不嗛⑫，大勇不忮⑬。道昭而不道⑭，言辩而不及⑮，仁常而不成，廉清而不信，勇忮而不成。五者圆而几向方矣⑯，故知止其所不知，至矣。孰知不言之辩，不道之

注释：①封：界线，分别。②常：定论。③为是：各自认为自己是正确的。畛：分界。④伦：次序。义：仪，等级差别。⑤八德：八种具体的界线。⑥六合：上、下和东、西、南、北四方。⑦论：研究。议：评说。⑧春秋：泛指史书。经世：经纶世事，这里用调理织物来喻指治理社会。志：记载。⑨怀之：藏是非于胸。⑩示：显示。⑪称：举称。⑫嗛：通"谦"，谦逊。⑬忮：伤害。⑭昭：明白。⑮不及：达不到。⑯圆：求圆。几：近，近似。

道？若有能知，此之谓天府①。注焉而不满②，酌焉而不竭③，而不知其所由来，此之谓葆光④。

❺ 故昔者尧问于舜曰："我欲伐宗脍、胥、敖⑤，南面而不释然⑥，其故何也？"舜曰："夫三子者⑦，犹存乎蓬艾之间⑧。若不释然⑨，何哉？昔者十日并出⑩，万物皆照，而况德之进乎日者乎⑪？"

啮缺问乎王倪曰⑫："子知物之所同是乎⑬？"曰："吾恶乎知之？""子知子之所不知邪？"曰："吾恶乎知之？""然则物无知邪？"曰："吾恶乎知之？"虽然，尝试言之。庸讵知吾所谓知之非不知邪？庸讵知吾所谓不知之非知邪⑭？且吾尝试问

注释：①天府：指整个宇宙。②注：注入。焉：讲作"于之"。③酌：舀取。竭：尽。④葆：藏，隐蔽。⑤宗脍、胥、敖：三个小国。⑥南面：君主临朝。释然：放心。⑦三子者：指上述三国的国君。⑧蓬艾：两种草名。⑨若：你。⑩十日并出：指古代寓言中十个太阳一起出来的神话故事。⑪进：超过，胜过。⑫啮缺、王倪：传说中的古代贤人。⑬所同是：共同肯定的道理。⑭庸讵：何从。

乎女[汝]：民湿寝则腰疾偏死①，鳅然乎哉②？木处则惴慄恂惧③，猨[猿]猴然乎哉④？三者孰知正处？民食刍豢⑤，麋鹿食荐⑥，蝍蛆甘带⑦，鸱鸦耆[嗜]鼠⑧，四者孰知正味？

注释：①民：人。湿寝：睡在潮湿的地方。偏死：半身瘫痪。②鳅：泥鳅。③木处：住在树上。惴慄恂惧：恐惧，惧怕。④猨：同猿。⑤刍豢：指禽兽。⑥麋：一种食草的珍贵兽类。荐：美草。⑦蝍蛆：蜈蚣。甘：可口。带：小蛇。⑧鸱：猫头鹰。耆：嗜好。

敷命陈谟图

猨(猿)猵狙以为雌①,麋与鹿交,鳅与鱼游②。毛嫱、丽姬③,人之所美也;鱼见之深入,鸟见之高飞,麋鹿见之决骤④。四者孰知天下之正色哉?自我观之,仁义之端⑤,是非之涂(途),樊然殽乱⑥,吾恶能知其辩(辨)?"

注释:①猵狙:猕猴的一种。②游:戏游,即交尾。③毛嫱、丽姬:古代著名的美人。④决骤:快速奔跑。⑤端:端绪。⑥樊然殽乱:杂乱的样子。

越贡美女材木图

啮缺曰："子不知利害，则至人固不知利害乎①？"王倪曰："至人神矣②！大泽焚而不能热③，河汉冱而不能寒④，疾雷破山、飘风振海而不能惊。若然者，乘云气，骑日月，而游乎四海之外。死生无变于己⑤，而况利害之端乎！"

⑥ 瞿鹊子问乎长梧子曰⑥："吾闻诸夫子：'圣人不从事于务⑦，不就利⑧，不违害⑨，不喜求，不缘道⑩；无谓有谓⑪，有谓无谓，而游乎尘垢之外。'夫子以为孟浪之言⑫，而我以为妙道之行也。吾子以为奚若⑬？"

长梧子曰："是黄帝之所听荧也⑭，而丘也何足以知之？且女汝亦大太早计⑮，

注释：①至人：指道德修养极高的人。②神：神妙不测。③泽：聚水的洼地。④冱：冻结。⑤变于己：使自身发生变化。⑥瞿鹊子：孔门后学。长梧子：瞿鹊子的老师。⑦务：世俗之事。⑧就：追求。⑨违：避。⑩缘：因循。⑪谓：说，言谈。⑫孟浪：荒诞。⑬奚若：何如。⑭听荧：疑惑。⑮大早：过早。计：考虑。

见卵而求时夜①，见弹而求鸮炙②。予尝为女汝妄言之，女汝以妄听之。奚旁日月、挟宇宙？为其脗合④，置其滑涽湣⑤，以隶相尊⑥。众人役役⑦，圣人愚芚⑧，参万岁而一成纯⑨。万物尽然⑩，而以是相蕴⑪。

"予恶乎知说悦生之非惑邪！予恶乎知恶死之非弱丧而不知归者邪⑫！丽之姬⑬，艾封人之子也⑭。晋国之始得之也，涕泣沾襟，及其至于王所⑮，与王同筐床⑯，食刍豢，而后悔其泣也。予恶乎知夫死者不悔其始之蕲生乎⑰！

"梦饮酒者，旦而哭泣；梦哭泣者，旦而田猎⑱。方其梦也⑲，不知其梦也。梦之中又占其梦焉，觉而后知其梦也⑳。且

注释：①时夜：司夜，即报晓的鸡。②鸮：俗名斑鸠。炙：烤肉。③奚：怎么不。旁：依傍。④脗：同吻。⑤滑：通"汩"，涽乱。湣：乱。⑥隶：指地位卑贱。⑦役役：忙碌奔波的样子。⑧芚：迟钝。⑨参：糅合。万岁：年代久远。⑩尽：皆，全。⑪以是：因此。蕴：包容。⑫恶死：讨厌死亡。弱：年少。丧：流浪。⑬丽之姬：即丽姬。⑭艾：地名。封人：封疆守土的人。子：女儿。⑮及：等到。⑯筐床：安适的床。⑰蕲：祈，求。⑱田：打猎。⑲方：正当。⑳觉：睡醒。

有大觉而后知此其大梦也,而愚者自以为觉,窃窃然知之①。君乎,牧乎,固哉②!丘也与女(汝),皆梦也;予谓女(汝)梦,亦梦也。是其言也,其名为吊诡③。万世之后而一遇大圣,知其解者,是旦暮遇之也④。

注释:①窃窃然:明察的样子。②牧:牧夫,喻指卑贱的人。固:鄙陋。③吊诡:奇特,怪异。④旦暮:早晚。

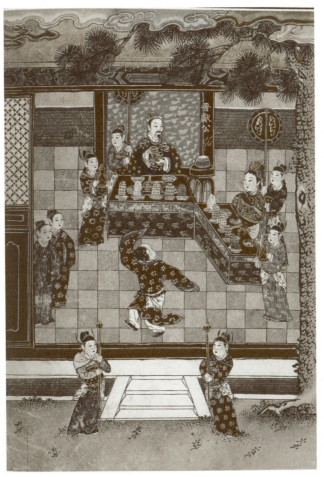

晋献公立骊姬图

"既使我与若辩矣①,若胜我,我不若胜②,若果是也,我果非也邪?我胜若,若不吾胜,我果是也,而果非也邪③?其或是也,其或非也邪?其俱是也,其俱非也邪?我与若不能相知也,则人固受其黮暗④,吾谁使正之⑤?使同乎若者正之?既与若同矣,恶能正之!使同乎我者正之?既同乎我矣,恶能正之!使异乎我与若者正之?既异乎我与若矣,恶能正之!使同乎我与若者正之?既同乎我与若矣,恶能正之!然则我与若与人俱不能相知也,而待彼也邪⑥?

"何谓和之以天倪?曰:是不是,然不然。是若果是也,则是之异乎不是也亦无辩;然若果然也,则然之异乎不然

注释:①若:你。②不若胜:即不胜你。③而:你。④黮暗:昏暗不明的样子。⑤谁使使谁。⑥彼:另外的什么人。

也亦无辩。化声之相待①，若其不相待。和之以天倪②，因之以曼衍③，所以穷年也④。忘年忘义⑤，振于无竟(境)⑥，故寓诸无竟(境)⑦。"

罔两问景(影)曰⑧："曩子行⑨，今子止；曩子坐，今子起。何其无特操与⑩？"景(影)曰："吾有待而然者邪⑪？吾所待又有待而然者邪？吾待蛇蚹蜩翼邪⑫？恶识所以然？恶识所以不然？"

昔者庄周梦为胡蝶⑬，栩栩然胡蝶也⑭，自喻适志与⑮！不知周也。俄然觉⑯，则蘧蘧然周也⑰。不知周之梦为胡蝶与，胡蝶之梦为周与？周与胡蝶，则必有分矣。此之谓物化⑱。

注释：①化声：指是非不同的言论。②倪：分际。③因：顺应。曼衍：变化发展。④穷：尽，终了。⑤年：指生死。义：指是非。⑥振：畅。竟：通"境"，境界。⑦寓：寄托。⑧罔两：影子之外的微阴，即虚影。景：影子。⑨曩：以往，从前。⑩特：独。操：操守。⑪待：依靠，凭借。⑫蛇蚹：蛇蜕下的皮。蜩翼：蝉蜕下的壳。⑬胡蝶：即蝴蝶。⑭栩栩然：欣然自得的样子。⑮喻：觉得。适志：合乎心意。⑯俄然：突然。⑰蘧蘧然：惊惶的样子。⑱物化：事物自身的变化。

养生主

1 吾生也有涯，而知也无涯①。以有涯随无涯②，殆已③；已而为知者④，殆而已矣。为善无近名，为恶无近刑。缘督以为经⑤，可以保身，可以全生⑥，可以养亲⑦，可以尽年⑧。

2 庖丁为文惠君解牛⑨，手之所触，肩之所倚⑩，足之所履⑪，膝之所踦⑫，砉然响然⑬，奏刀騞然⑭，莫不中音⑮，合于《桑林》之舞⑯，乃中《经首》之会⑰。

注释：①知：知识。②随：追随。③殆：疲困。④已：此，如此。为：追求。⑤缘：顺着。督：中，正道。经：常。⑥全生：保全自然本性。⑦养亲：修身养性。⑧尽年：终享天年。⑨庖丁：厨师。为：替，给。文惠君：梁惠王。解：剖开，分解。⑩倚：靠。⑪履：踏，踩。⑫踦：用膝抵住。⑬砉然：皮肉分离的声音。⑭奏：进。騞然：以刀快速割牛的声音。⑮中音：合乎音律。⑯桑林：殷商时代的乐曲名。⑰经首：帝尧时代的乐曲名。会：乐律，节奏。

文惠君曰："嘻，善哉！技盖[盍]至此乎①？"

庖丁释刀对曰②："臣之所好者道也③，进乎技矣④。始臣之解牛之时，所见无非全牛者。三年之后，未尝见全牛也。方今之时，臣以神遇而不以目视⑤，官知止而神欲行⑥。依乎天理⑦，批大郤[隙]⑧，导大窾⑨，因其固然⑩。技经肯綮之未尝⑪，而况大軱乎⑫！良庖岁更刀⑬，割也；族庖月更刀⑭，折也⑮。今臣之刀十九年矣，所解数千牛矣，而刀刃若新发于硎⑯。彼节者有间⑰，而刀刃者无厚；以无厚入有间，恢恢乎其于游刃必有馀地矣⑱，是以

注释： ①盖：通"盍"，何，怎么。②释：放下。③道：事物的规律。④进：超过，胜过。乎：于，比。⑤神：精神，心思。⑥官：器官，指眼。知：知觉，指视觉。⑦天理：自然的纹理，指牛体的自然结构。⑧批：击。郤：通"隙"，指牛体筋腱骨骼间的空隙。⑨窾：空，指牛体骨节间较大的空处。⑩因：依，顺着。固然：本然，原本的样子。⑪技：技巧，技艺。一说"技"当作"枝"，意思为支脉。清代俞樾云："技"疑"枝"字之误。……枝，谓"枝脉"。此说甚是。经：经脉。肯：附在骨上的肉。綮：骨肉连接很紧的地方。未：不曾。⑫軱：大骨。⑬岁：每年。更：更换。⑭族：众。⑮折：断，指用刀砍断骨头。⑯发：出，指刚从磨刀石上磨出来。硎：磨刀石。⑰间：缝，间隙。⑱恢恢：宽广。游刃：运转的刀刃。

十九年而刀刃若新发于硎。虽然，每至于族①，吾见其难为，怵然为戒②，视为止，行为迟。动刀甚微，謋然已解③，如土委地④。提刀而立，为之四顾，为之踌躇满志⑤，善刀而藏之⑥。"

注释：①族：指骨节、筋腱聚结交错的部位。②怵然：小心谨慎。③謋：牛体分解的声音。④委：散落。⑤踌躇：悠然自得。满志：心满意足。⑥善：摆弄，擦拭。

松荫谈道图　南宋·无款

文惠君曰:"善哉!吾闻庖丁之言,得养生焉。"

3 公文轩见右师而惊曰①:"是何人也?恶乎介也②?天与,其人与?"曰:"天也,非人也。天之生是使独也③,人之貌有与也④。以是知其天也,非人也。"

泽雉十步一啄⑤,百步一饮,不蕲畜乎樊中⑥。神虽王⑦,不善也。

注释:①公文轩:相传为宋国人。右师:官名。②介:独,一只脚。③是:此,指代形体上只有一只脚的情况。④有与:人的形貌是天所赋予的。与:赐予,赋予。⑤雉:雉鸟,俗称野鸡。⑥蕲:祈求,希望。畜:养。樊:笼。⑦王:旺盛。

琼花珍珠鸡图　南宋·无款

老聃死①，秦失吊之②，三号而出③。弟子曰："非夫子之友邪？"曰："然。""然则吊焉若此，可乎？"曰："然。始也吾以为其人也④，而今非也。向吾入而吊焉⑤，有老者哭之，如哭其子；少者哭之，如哭其母。彼其所以会之⑥，必有不蕲言而言，不蕲哭而哭者。是遁天倍情⑦，忘其所受⑧，古者谓之遁天之刑⑨。适来⑩，夫子时也⑪；适去，夫子顺也。安时而处顺，哀乐不能入也，古者谓是帝之县解⑫。"指穷于为薪⑬，火传也，不知其尽也。

注释：①老聃：即老子。②秦失：老聃的朋友。失，又作佚，皆音 yì。③号：大声地哭。④其人：指与秦失对话的哭泣者。⑤向：刚才。⑥彼：指哭泣者。其：助词，无实义。所以：……的原因。会：聚。⑦遁：失去。倍：通"背"，背弃。⑧所受：禀受的本性。⑨刑：刑辱。⑩适：适合，该当……时。⑪夫子：指老聃。时：应时。⑫帝：天，万物的主宰。县解：解除倒悬。县通"悬"。⑬指：手指，这里事实上说的是手。一说"指"读 zhī，通"脂"。薪：烛火。

人间世

1 颜回见仲尼①，请行。曰："奚之②？"曰："将之卫。"曰："奚为焉？"曰："回闻卫君，其年壮，其行独③；轻用其国，而不见其过；轻用民死，死者以国量乎泽若蕉④，民其无如矣⑤。回尝闻之夫子曰：'治国去之，乱国就之⑥，医门多疾。'愿以所闻思其则⑦，庶几其国有瘳乎⑧？"

仲尼曰："嘻！若殆往而刑耳⑨！夫道不欲杂，杂则多，多则扰，扰则忧，忧而不救。古之至人，先存诸己而后存诸人⑩。所存于己者未定，何暇至于暴人之所行⑪！

注释：①颜回：孔子的弟子。②奚：何。之：往。③独：专断。④蕉：草芥。⑤如：往。⑥就：前往。⑦以：用，根据。则：准则，办法。⑧庶几：或许。瘳：病愈。⑨殆：恐怕，大概。刑：受刑。⑩存：立，这里指道德修养的建立。⑪暴人：施政暴虐的人，指卫国国君。

"且若亦知夫德之所荡而知[智]之所为出乎哉①？德荡乎名，知[智]出乎争。名也者，相轧也②；知[智]也者，争之器也。二者凶器，非所以尽行也。且德厚信矼③，未达人气④；名闻不争，未达人心。而强以

注释：①荡：丧失，毁坏。所为：……的原因。②轧：倾轧。③信矼：行为诚实。④人气：民心。

孔子去晋过卫图

仁义绳墨之言术述暴人之前者①，是以人恶有其美也②，命之曰菑_灾人③。菑_灾人者，人必反菑_灾之，若殆为人菑_灾夫！且苟为悦贤而恶不肖，恶用而求有以异④？若唯无诏⑤，王公必将乘人而斗其捷⑥。而目将荧之⑦，而色将平之⑧，口将营之⑨，容将形之⑩，心且成之⑪。是以火救火，以水救水，名之曰益多。顺始无穷，若殆以不信厚言，必死于暴人之前矣！

"且昔者桀杀关龙逢⑫，纣杀王子比干⑬，是皆修其身以下伛拊人之民⑭，以下拂其上者也⑮，故其君因其修以挤之⑯。是好名者也。昔者尧攻丛枝、胥、敖⑰，禹

注释：①绳墨：喻指规矩，规范。②其：己。③命之：名之，称谓它。菑：即灾。④而：你。⑤唯：只。诏：劝谏。⑥王公：指卫君。乘：趁。捷：形容言语快捷善辩。⑦荧：眩，迷惑。⑧色：脸色。平：平和。⑨营：营救。⑩容：容颜，态度。形：显露，表现。⑪成：顺，妥协。⑫桀：夏代最后一个王，暴君。关龙逢：桀的贤臣，因劝谏而被桀杀害。⑬纣：商代最后一个王，暴君。比干：商纣王的叔叔，因力谏而被纣王杀害。⑭伛拊：爱抚。人之民：国君的人民。⑮拂：触犯。⑯修：品行，修养。挤：排斥。⑰丛枝、胥、敖：上古时代的三个小国。

攻有扈，国为虚墟厉①，身为刑戮，其用兵不止，其求实无已②。是皆求名实者也，而独不闻之乎？名实者，圣人之所不能胜也，而况若乎！虽然，若必有以也③，尝以语我来④！"

注释：①虚：通"墟"，废墟。厉：恶鬼。②实：实利。已：止。③有以：有所依凭。④以语我：把它告诉给我。

斫胫剖心图

2 颜回曰:"端而虚①,勉而一②。则可乎?"曰:"恶③!恶可!夫以阳为充孔扬④,采色不定⑤,常人之所不违,因案人之所感⑥,以求容与其心⑦。名之曰日渐之德不成⑧,而况大德乎!将执而不化⑨,外合而内不訾⑩,其庸讵可乎⑪!"

"然则我内直而外曲⑫,成而上比⑬。内直者,与天为徒⑭。与天为徒者,知天子之与己皆天之所子⑮。而独以己言蕲乎而人善之⑯,蕲乎而人不善之邪?若然者,人谓之童子⑰,是之谓与天为徒。外曲者,与人之为徒也。擎跽曲拳⑱,人臣之礼也,人皆为之,吾敢不为邪?为人之所为者,人亦无疵焉⑲,是之谓与人为

注释:①端:正直。②勉:勤恳。一:专一。③恶:叹词。④阳:盛气。充:充斥于心。孔:甚,很。扬:露于外表。⑤采色不定:喜怒无常。⑥案:压抑,压制。⑦容与:畅快。⑧渐:徐进。⑨执:固执。⑩外合:表面赞同。訾:取,采纳。⑪其:那,那样。庸讵:怎么。⑫直:正直。曲:弯曲,俯首就就。⑬成:成熟的主张和看法。上比:上合于古人。⑭天:自然。⑮所子:所养育的子女。⑯蕲:祈求,希望得到。善:称赞。⑰童子:未成年的人。⑱擎:举。跽:长跪。曲拳:躬身屈体。⑲疵:诽谤。

人间世

徒。成而上比者,与古为徒,其言虽教,谪之实也①。古之有也,非吾有也。若然者,虽直而不病②,是之谓与古为徒。若是则可乎?"仲尼曰:"恶!恶可!大(太)多政(正)法而不谍③,虽固亦无罪④。虽然,止是耳矣⑤,夫胡可以及化!犹师心者也⑥。"

颜回曰:"吾无以进矣,敢问其方⑦?"仲尼曰:"斋⑧,吾将语若!有心而为之⑨,其易邪?易之者,暤(昊)天不宜⑩。"颜回

注释:①谪:诤谏。②病:怨恨,祸害。③大:太。政:通"正",端正,纠正。谍:当。④固:固陋。⑤止是:只此。耳矣:罢了。⑥胡:何,怎么。师:以……为师。心:指内心的定见。⑦敢:谦词。方:办法。⑧斋:斋戒。⑨有心:指有用世之心。⑩暤:通"昊",广大。宜:当,合适。

拜胙遇涂图·孔子圣迹图

曰："回之家贫，唯不饮酒不茹荤者数月矣①。如此，则可以为斋乎？"曰："是祭祀之斋，非心斋也②。"回曰："敢问心斋？"仲尼曰："若一志③，无听之以耳而听之以心，无听之以心而听之以气④。听止于耳，心止于符⑤。气也者，虚而待物者也。唯道集虚⑥。虚者，心斋也。"

颜回曰："回之未始得使⑦，实自回也；得使之也，未始有回也，可谓虚乎？"夫子曰："尽矣⑧。吾语若！若能入游其樊而无感其名⑨，入则鸣⑩，不入则止。无门无毒⑪，一宅而寓于不得已⑫，则几矣⑬。绝迹易，无行地难⑭。为人使易以伪⑮，为天使难以伪。闻以有翼飞者矣，未闻以无翼飞者也；闻以有知知者矣，未闻以

注释：①茹：吃。②心斋：内心修养。③一：专一。④气：虚以待物的心境。⑤听止于耳："耳止于听"之倒装。符：合。⑥虚：空明界。⑦得使：受到教诲。⑧尽：详尽。⑨樊：篱笆。感其名：为名利所动。⑩入：采纳。⑪无门无毒：不走门路营求，不用旗帜招摇。⑫一宅：心无杂念。⑬几：接近。⑭无行地：不行走于地上。⑮使：驱使。伪：假。

无知[智]知者也。瞻彼阕者①,虚室生白②,吉祥止止③。夫且不止,是之谓坐驰④。夫徇耳目内通而外于心知[智]⑤,鬼神将来舍,而况人乎!是万物之化也,禹、舜之所纽也⑥,伏戏[羲]、几蘧之所行终⑦,而况散焉者乎⑧!"

3 叶公子高将使于齐⑨,问于仲尼曰:

注释:①瞻:观望。阕:空虚。②虚室:空灵的精神世界。白:洁净。③止止:止于凝静的心境。④坐驰:形体安坐而心神飞驰。⑤徇:使。内通:向内通达。外:排斥。⑥纽:枢纽,关键。⑦伏戏、几蘧:传说中的远古帝王。终:到底,遵循始终。⑧散焉者:平常的人。⑨叶公子高:楚庄王玄孙,被封于叶(春秋楚邑名),字子高,名诸梁。使:出使。古音 shì。

昼息鼓琴图·孔子圣蹟图

"王使诸梁也甚重①,齐之待使者,盖将甚敬而不急。匹夫犹未可动,而况诸侯乎?吾甚栗之②。子常语诸梁也曰:'凡事若小若大③,寡不道以欢成④。事若不成,则必有人道之患⑤;事若成,则必有阴阳之患⑥。若成若不成而后无患者,唯有德者能之。'吾食也执粗而不臧⑦,爨无欲清之人⑧。今吾朝受命而夕饮冰,我其内热与⑨!吾未至乎事之情⑩,而既有阴阳之患矣;事若不成,必有人道之患。是两也,为人臣者不足以任之⑪,子其有以语我来!"

仲尼曰:"天下有大戒二⑫:其一,命也;其一,义也。子之爱亲,命也,不可解于心;臣之事君,义也,无适而非君也⑬,

注释:①使诸梁:以诸梁为使。②栗:恐惧。③若:或者。④寡:少。欢成:指圆满的结果。⑤人道之患:人为的祸害。⑥阴阳之患:阴阳失调而遭祸患。⑦执粗:食用粗茶淡饭。臧:好。⑧爨:炊,烹饪食物。清:通"凊"。凉,寒。⑨内热:内心烦躁。⑩情:真实。⑪任:承担。⑫戒:法则。⑬适:往,到。

无所逃于天地之间。是之谓大戒。是以夫事其亲者,不择地而安之,孝之至也;夫事其君者,不择事而安之,忠之盛也①;自事其心者②,哀乐不易施乎前③,知其不可奈何而安之若命,德之至也。为人臣子者,固有所不得已。行事之情而忘其身,何暇至于悦生而恶死!夫子其行可矣!

"丘请复以所闻:凡交近则必相靡

注释:①盛:极点,顶点。②自事其心:注意培养自己的修养。③施:移动,影响。一说读 yí。《庄子集释》:"施读为移。不易施,犹言不移易也。"

观器论道图·孔子圣蹟图

以信①，远则必忠之以言②。言必或传之。夫传两喜两怒之言③，天下之难者也。夫两喜必多溢美之言④，两怒必多溢恶之言。凡溢之类妄⑤，妄则其信之也莫漠⑥，莫则传言者殃。故法言曰⑦：'传其常情，无传其溢言，则几乎全⑧。'且以巧斗力者⑨，始乎阳⑩，常卒乎阴⑪，泰至则多奇巧⑫；以礼饮酒者，始乎治⑬，常卒乎乱，泰至则多奇乐⑭。凡事亦然。始乎谅⑮，常卒乎鄙⑯；其作始也简，其将毕也必巨。

"夫言者，风波也；行者，实丧也⑰。夫风波易以动，实丧易以危。故忿设无由⑱，巧言偏辞⑲。兽死不择音，气息茀勃然⑳，于是并生心厉㉑。剋核大太至㉒，则必

注释：①相靡以信：用诚信相互和顺与亲近。②忠之以言：用忠实的语言相交。③两喜两怒之言：双方都高兴或愤怒的言辞。④溢：满，超出。⑤类妄：类似虚假。⑥信之也莫：不太相信。莫，通"漠"，淡漠。⑦法言：古代的格言。⑧全：保全自己。⑨斗力：相互较量。⑩阳：明争。⑪卒：终。阴：阴谋。⑫泰至：达到极点。奇巧：玩弄阴谋。⑬治：合乎规矩。⑭奇乐：放纵无度。⑮谅：取信，相互信任。⑯鄙：险恶，欺诈。⑰实丧：得失。⑱设：立，产生。⑲巧：虚浮不实。偏：片面的。⑳茀：通"勃"，气息急促的样子。一说读fú。㉑心厉：害人的恶念。㉒剋核：苛责，逼迫。

有不肖之心应之,而不知其然也。苟为不知其然也,孰知其所终!故法言曰:'无迁令①,无劝成②,过度益溢也。'迁令劝成殆事③,美成在久④,恶成不及改,可不慎与!且夫乘物以游心⑤,讬不得已以养中⑥,至矣。何作为报也⑦!莫若为致命⑧,此其难者!"

4 颜阖将傅卫灵公大太子⑨,而问于蘧

注释:①迁:改变。②劝:勉励,有强求之意。③殆:危险。④美成:好事要做成功。⑤乘物:顺应客观事物。⑥中:中气,这里指神智。⑦作:作意。⑧致命:传达国君的指令。⑨颜阖:鲁国的贤人。傅:做师傅。大子:太子。

步游洙泗图·孔子圣蹟图

伯玉曰①："有人于此，其德天杀②。与之为无方③，则危吾国；与之为有方，则危吾身。其知（智）适足以知人之过④，而不知其所以过⑤。若然者，吾奈之何？"

蘧伯玉曰："善哉问乎！戒之，慎之，正女（汝）身也哉！形莫若就⑥，心莫若和⑦。虽然，之二者有患⑧。就不欲入⑨，和不欲出⑩。形就而入，且为颠为灭⑪，为崩为蹶⑫。心和而出，且为声为名⑬，为妖为孽⑭。彼且为婴儿，亦与之为婴儿；彼且为无町畦⑮，亦与之为无町畦；彼且为无崖⑯，亦与之为无崖。达之⑰，入于无疵⑱。

"汝不知夫螳螂乎？怒其臂以当车辙⑲，不知其不胜任也，是其才之美者

注释：①蘧伯玉：卫国的贤大夫，名瑗，字伯玉。②天杀：生性凶残嗜杀。③与之：对他。方：法度，规范。④其知：他的智慧。⑤其：他，指太子自己。⑥形：外表。就：靠拢，亲近。⑦和：顺，有诱导之意。⑧之：这。⑨入：陷入。⑩出：显露。⑪颠：仆倒，坠落。为：招致。⑫崩：毁坏。蹶：失败，挫折。⑬为：为了。⑭孽：灾害。⑮町畦：田间的界路。⑯无崖：无边，没有约束。⑰达：引达。⑱疵：毛病。⑲怒：奋起。当：阻挡。车辙：车轮。

也①。戒之,慎之!积伐而美者以犯之②,几矣③。汝不知夫养虎者乎?不敢以生物与之④,为其杀之之怒也⑤;不敢以全物与之,为其决之之怒也⑥;时其饥饱,达其怒心⑦。虎之与人异类而媚养己者⑧,顺也;故其杀者,逆也⑨。

夫爱马者,以筐盛矢屎⑩,以蜄盛溺⑪。适有蚊虻仆缘⑫,而拊之不时⑬,则缺衔

注释:①是:自恃,自我得意。②积:多次。伐:夸耀。而:你。③几:危险。④生物:活物。⑤为其杀之之怒也:唯恐它扑杀活物时诱发残杀的天性。⑥决:裂,撕开。⑦达:通晓,了解。⑧异类:不同类。媚:喜爱。⑨逆:反,触犯。⑩矢:通"屎",粪便。⑪蜄:大蛤,这里指蛤壳。溺:尿。⑫仆缘:附着。⑬拊:拍击。

灵公郊迎图·孔子圣迹图

毁首碎胸①。意有所至而爱有所亡②，可不慎邪！"

5 匠石之齐③，至于曲辕，见栎社树④。其大蔽数千牛，絜之百围⑤，其高临山十仞而后有枝⑥，其可以为舟者旁（方）十数⑦。观者如市，匠伯不顾⑧，遂行不辍⑨。弟子厌（餍）观之⑩，走及匠石⑪，曰："自吾执斧斤以随夫子⑫，未尝见材如此其美也。先生不肯视，行不辍，何邪？"曰："已矣⑬，勿言之矣！散木也⑭，以为舟则沈（沉）⑮，以为棺椁则速腐⑯，以为器则速毁，以为门户则液樠⑰，以为柱则蠹⑱。是不材之木也，无所可用，故能若是之寿⑲。"

注释：①衔：马勒口。首：辔头。胸：胸饰。②亡：失。③匠石：名叫石的匠人。之：往。④栎：树名。社：土神。⑤絜：用绳子计量。围：两手拇指和食指合拢起来的长度。⑥临山：接近山巅。仞：八尺。⑦旁：通"方"，且。⑧匠伯：即匠石。⑨辍：中止，停。⑩厌：通餍，饱足。⑪走：跑。及：赶上。⑫斤：斧之一种。⑬已：止。⑭散木：指不成材的树木。⑮以为：以之为，把它做成。沈：通"沉"。⑯椁：外棺。⑰户：单扇的门。液：浸渍。樠：松木心。⑱蠹：蛀虫，此作动词用，生虫。⑲若是之寿：像这样的长寿。

人间世

匠石归，栎社见梦曰①："女(汝)将恶乎比予哉②？若将比予于文木邪③？夫柤梨橘柚④，果蓏之属⑤，实熟则剥⑥，剥则辱⑦；大枝折，小枝泄(抴)⑧。此以其能苦其生者也⑨，故不终其天年而中道夭，自掊击于

注释：①见梦：托梦。②比：相比，相提并论。③文木：有用的木材。④柤：楂。⑤蓏：瓜类植物的果实。属：类。⑥实：果实。剥：通"扑"。用竿子等扑击。⑦辱：屈，扭折。⑧泄：通"抴"，牵扯。⑨以：因。苦其生：使其一生受苦。

随山刊木图

世俗者也①。物莫不若是。且予求无所可用久矣，几死，乃今得之，为予大用②。使予也而有用，且得有此大也邪？且也若与予也皆物也，奈何哉其相物也③？而几死之散人④，又恶知散木！"

匠石觉而诊其梦⑤。弟子曰："趣取无用，则为社何邪⑥？"曰："密⑦！若无言！彼亦直寄焉⑧，以为不知己者诟厉也⑨。不为社者，且几有翦乎⑩！且也彼其所保与众异，而以义喻之⑪，不亦远乎！"

6 南伯子綦游乎商之丘⑫，见大木焉有异，结驷千乘⑬，隐将芘其所藾⑭。子綦曰："此何木也哉？此必有异材夫！"仰而视其细枝，则拳曲而不可以为栋梁⑮；俯

注释：①掊：打。②为予大用：这对我来说正是大用。③相：看待。④散人：不成材的人。⑤诊：通"畛"，告诉。⑥为社何：为什么做社树而让世人供奉。⑦密：闭嘴。⑧直：只是。⑨诟厉：辱骂。⑩翦：斩伐。⑪义：常理。喻：了解。⑫南伯子綦：人名，庄子寓言中人物。商之丘：即商丘，今河南省商丘县。⑬结驷：集合驷：四匹马拉的车。⑭芘：通"庇"，庇护。藾：荫蔽。⑮拳曲：弯弯曲曲。

而视其大根，则轴解而不可以为棺椁①；咶舐其叶②，则口烂而为伤；嗅之，则使人狂酲③，三日而不已④。子綦曰："此果不材之木也，以至于此其大也。嗟乎！神人以⑤此不材！"

注释：①轴：指木心。解：裂开。椁：外棺。②咶：通"舐"，舔。③酲：酒醉。④已：止。⑤以：用。

秋舸清啸图 元·盛懋

宋有荆氏者①，宜楸柏桑。其拱把而上者②，求狙猴之杙者斩之③；三围四围④，求高名之丽者斩之⑤；七围八围，贵人富商之家求樿傍者斩之⑥。故未终其天年，而中道之夭于斧斤，此材之患也。故解之以牛之白颡者与豚之亢鼻者⑦，与人有痔病者不可以适河⑧。此皆巫祝以知之矣⑨，所以为不祥也。此乃神人之所以为大祥也。

7 支离疏者⑩，颐隐于脐⑪，肩高于顶，会撮指天⑫，五管在上⑬，两髀为胁⑭。挫针治繲⑯，足以餬口；鼓筴播精⑰，足以食十人⑱。上征武士，则支离攘臂而游于其

注释：①荆氏：地名。②拱：两手相合。把：一手所握。③杙：小木桩。斩：砍伐。④围：两手拇指和食指合拢起来的长度。⑤高名：高大。⑥樿傍：单幅板的棺木。⑦解之：祈祷神灵以消灾。颡：额。亢：高。⑧适河：沉入河中祭神。⑨巫祝：巫师。⑩支离疏：假托的人名。⑪颐：下巴。⑫会撮：发髻。⑬五管：五脏血管。⑭髀：大腿。⑮胁：腋下肋骨所在的部位。⑯挫针：缝衣。治繲：洗衣。繲，一说音jiè。⑰鼓：簸动。筴：策的异体字。小簸箕。播：扬去灰土。精：米。⑱食：供养。

间①；上有大役，则支离以有常疾不受功②；上与病者粟，则受三锺与十束薪③。夫支离其形者，犹足以养其身，终其天年，又况支离其德者乎？

8 孔子适楚，楚狂接舆游其门曰④："凤兮凤兮⑤，何如德之衰也⑥！来世不可

注释：①攘：捋。②以：因。常疾：残疾。功：通"工"，指劳役之事。③锺：古代粮食计量单位，合六斛四斗。④楚狂：楚国的狂人。接舆：人名。⑤凤：凤鸟，比喻孔子。⑥之：往。

涧门通石梁，独行一樵者图 清·任熊

待,往世不可追也。天下有道①,圣人成焉;天下无道,圣人生焉。方今之时,仅免刑焉。福轻乎羽②,莫之知载③;祸重乎地,莫之知避。已乎已乎④,临人以德!殆乎殆乎,画地而趋⑤!迷阳迷阳⑥,无伤吾行!吾行郤曲⑦,无伤吾足!"

山木自寇也⑧,膏火自煎也⑨。桂可食⑩,故伐之;漆可用,故割之。人皆知有用之用,而莫知无用之用也。

注释:①有道:指顺应规律。②乎:于,比。③莫:不。载:取。④已乎:算了。⑤画地:在地面上画出界限。⑥迷阳:荆棘。⑦郤曲:崎岖。宋代陈景元《庄子阙误》引宋代张君房本作"邵曲"。那么"邵曲邵曲"与"迷阳迷阳"相对。疑当是。⑧寇:砍伐。⑨膏:油脂。⑩桂:树名,其皮可作香料。

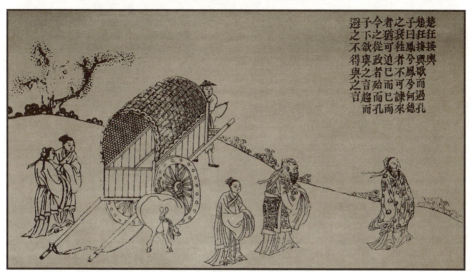

楚狂接舆图·孔子圣蹟图

外 篇

帝世时雍图

骈拇

1. 骈拇枝歧指①，出乎性哉②！而侈于德③；附赘县悬疣④，出乎形哉！而侈于性。多方乎仁义而用之者，列于五藏脏哉⑤！而非道德之正也⑥。是故骈于足者，连无用之肉也；枝歧于手者，树无用之指也；多方骈枝歧于五藏脏之情者⑦，淫僻于仁义之行⑧，而多方于聪明之用也⑨。

是故骈于明者，乱五色⑩，淫⑪文章⑫，青黄黼黻之煌煌非乎⑬？而离朱是已⑭。多于聪者，乱五声⑮，淫六律⑯，金石丝竹

注释： ①骈：并。拇：脚的大趾拇。骈拇：脚的大趾拇跟二趾拇连在一起。枝指：旁生的歧指，即手的大拇指旁多长出一指。枝通"歧"。②性：指天生而成。③侈：多馀。德：得。④附：附着。赘：赘瘤。县：悬。疣：瘤。⑤藏：通"脏"。五藏：指心、肝、脾、肺、肾。⑥正：中正。⑦骈枝：即骈拇枝指，意为多馀。⑧淫：沉溺。僻：不正。⑨聪：听觉灵敏。明：视觉清晰。⑩五色：青、黄、赤、白、黑五种基本颜色。⑪淫：惑乱。⑫文章：文采。⑬黼黻：古代礼服上绣制的花纹。煌煌：光彩眩目的样子。⑭离朱：人名，视力过人。⑮五声：即宫、商、角、徵、羽五音。⑯六律：即黄钟、太簇、姑洗、蕤宾、夷则、无射六音。

黄钟大吕之声非乎①？而师旷是已②。枝(歧)于仁者，擢德塞性以收名声③，使天下簧鼓以奉不及之法非乎④？而曾、史是已⑤。骈于辩者，累瓦结绳窜句⑥，游心于坚白同异之间⑦，而敝跬誉无用之言非乎⑧？而杨、墨是已⑨。故此皆多骈旁枝之道，非天下之至正也⑩。

注释：①金、石、丝、竹：泛指音乐。黄钟、大吕：古代音调的名称。②师旷：晋平公时的著名乐师。③擢：拔，意谓标榜。塞：闭。④簧鼓：管乐和打击乐，喻指喧闹躁动。奉：信守，奉行。不及：赶不上。⑤曾、史：曾参和史鲥，春秋时的贤人。⑥累瓦结绳：比喻堆砌无用的词语。窜句：穿凿文句。⑦游心：驰骋心思。⑧敝：疲惫不堪。跬：半步。⑨杨、墨：杨朱和墨翟，战国时代的著名哲学家。⑩至正：至道正理。

贺傀祁师旷辨新图

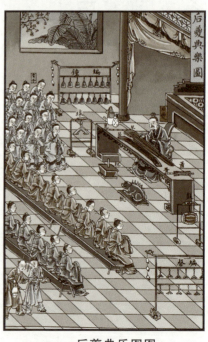

后夔典乐图图

2 彼正正者①，不失其性命之情②。故合者不为骈，而枝（歧）者不为跂③；长者不为有余，短者不为不足。是故凫胫虽短④，续之则忧；鹤胫虽长，断之则悲。故性长非所断，性短非所续，无所去忧也⑤。意（噫）！仁义其非人情乎⑥！彼仁人何其多忧也？

且夫骈于拇者，决之则泣⑦；枝（歧）于手者，龁之则啼⑧。二者，或有余于数，或不足于数，其于忧一也。今世之仁人，蒿目而忧世之患⑨；不仁之人，决性命之情而饕贵富⑩。故意仁义其非人情乎？自三代以下者⑪，天下何其嚣嚣也⑫？

且夫待钩绳规矩而正者⑬，是削其性者也；待绳约胶漆而固者⑭，是侵其德者

注释：①彼：那些。清代俞樾认为：上"正"字乃"至"字之误。②情：实，指实在的状况。③跂：歧。④凫：野鸭。胫：小腿。⑤去：摒弃，排除。⑥意：通"噫"，感叹词。⑦决：裂开，分开。⑧龁：咬断。⑨蒿目：忧愁的目光。⑩决：断，抛弃。饕：贪。⑪意：想，认为。三代：即夏、商、周三个朝代。⑫嚣嚣：喧嚣的样子。⑬待：依靠。钩：划曲线。⑭绳约：即绳索。

也①；屈折礼乐②，呴俞仁义③，以慰天下之心者，此失其常然也④。天下有常然。常然者，曲者不以钩，直者不以绳，圆者不以规，方者不以矩，附离不以胶漆⑤，约束不以纆索⑥。故天下诱然皆生而不知其所以生⑦，同焉皆得而不知其所以得。故古今不二，不可亏也。则仁义又奚

注释：①侵：伤害。②屈折：弯腰曲膝。③呴俞：关怀培养，使之成长。④常然：常态。⑤附离：粘合。⑥纆：绳索。⑦诱然：不知不觉的样子。

作邑东国图

工执艺谏图

连连如胶漆缠索而游乎道德之间为哉①？使天下惑也！

3 夫小惑易方②，大惑易性。何以知其然邪？自虞氏招仁义以挠天下也③，天下莫不奔命于仁义，是非以仁义易其性与？故尝试论之，自三代以下者，天下莫不以物易其性矣。小人则以身殉利④，士则以身殉名，大夫则以身殉家⑤，圣人则以身殉天下。故此数子者⑥，事业不同⑦，名声异号，其于伤性以身为殉，一也。臧与谷⑧，二人相与牧羊而俱亡其羊⑨。问臧奚事⑩，则挟筴读书⑪；问谷奚事，则博塞以游⑫。二人者，事业不同，其于亡羊均也。伯夷死名⑬于首阳之下，盗跖死利

注释：①连连：不断的，无休止的。②方：方向。③虞氏：虞舜。招：标举，标榜。挠：搅乱。④殉：为某一目的而献身。⑤家：此指家族。⑥数子：指上述四种人。⑦事业：即从事的工作。⑧臧、谷：家奴和童仆。⑨亡：丢失。⑩奚事：事奚，即做什么。⑪筴：策，指书简。⑫博塞：一种类似掷骰子的游戏。⑬伯夷：殷商末年的贤士。死名：为名而死。

于东陵之上①,二人者,所死不同,其于残生伤性均也,奚必伯夷之是而盗跖之非乎②?天下尽殉也。彼其所殉仁义也,则俗谓之君子;其所殉货财也,则俗谓之小人。其殉一也,则有君子焉,有小人焉;若其残生损性,则盗跖亦伯夷已,又恶取君子小人于其间哉?

4 且夫属其性乎仁义者③,虽通如曾、史,非吾所谓臧也④;属其性于五味,虽

注释:①盗跖:名跖,春秋末年著名的平民起义领袖。**死利**:为利而死。**东陵**:山名。②**是**:赞许。**非**:指责。③**属**:归属。④**臧**:善,好。

采薇图 南宋·李 唐

通如俞儿①,非吾所谓臧也;属其性乎五声,虽通如师旷,非吾所谓聪也②;属其性乎五色,虽通如离朱,非吾所谓明也③。吾所谓臧者,非仁义之谓也,臧于其德而已矣④;吾所谓臧者,非所谓仁义之谓也,任其性命之情而已矣;吾所谓聪者,非谓其闻彼也,自闻而已矣;吾所谓明者,非谓其见彼也,自见而已矣。夫不自见而见彼,不自得而得彼者,是得人之得而不自得其得者也,适人之适而不自适其适者也。夫适人之适而不自适其适,虽盗跖与伯夷,是同为淫僻也。余愧乎道德⑤,是以上不敢为仁义之操⑥,而下不敢为淫僻之行也⑦。

注释:①俞儿:相传为齐人,善于辨别味道。②聪:听觉灵敏。③明:视觉明晰。④德:得,即自得。⑤道德:这里指对宇宙万物本体和事物变化运动规律的认识。⑥操:操守。⑦行:品行。

马蹄

① 马，蹄可以践霜雪，毛可以御风寒，龁草饮水①，翘足而陆②，此马之真性也。虽有义台路寝③，无所用之。及至伯乐④，曰："我善治马。"烧之⑤，剔之⑥，刻之⑦，雒络之⑧，连之以羁馽⑨，编之以皂栈⑩，马之死者十二三矣⑪；饥之，渴之，驰之，骤之⑫，整之⑬，齐之，前有橛饰之患⑭，而后有鞭筴之威⑮，而马之死者已过半矣。陶者曰："我善治埴⑯，圆者中规，方者中矩。"匠人曰："我善治木，曲者中钩，直

注释：①龁：咬。②翘：扬起。陆：跳跃。③义台：古代行礼仪之台。义为仪的古字。路：大，正。寝：居室。④伯乐：秦穆公时人，善于识马，驯马。⑤烧：把铁烧红在马身上批烙印。⑥剔：指剪马毛。⑦刻：削马蹄甲。⑧雒：通"络"，给马戴笼头。⑨连：系缀，连结。羁：马络头。馽：绊马脚的绳索。⑩编：架搭，类似马床。皂：马槽。栈：马棚。⑪十二三：十分之二三。⑫骤：疾驰。⑬整：训练。⑭橛：马口铁。饰：指马络头上的装饰。⑮筴：策，打马的工具。⑯埴：黏土。

者应绳。"夫埴木之性,岂欲中规矩钩绳哉?然且世世称之曰"伯乐善治马而陶匠善治埴木①",此亦治天下者之过也。

2 吾意善治天下者不然②。彼民有常性③,织而衣,耕而食,是谓同德④;一而不党⑤,命曰天放⑥。故至德之世⑦,其行

注释:①称:称举,赞扬。②意:意谓,认为。③常性:固有的本能和天性。④同德:指人类的共性。⑤党:偏私。⑥命:名,称作。天放:放任自然。⑦至德之世:道德最高尚的盛世。

马蹄

人物山水图之孙阳相马 清·任 熊

填填①，其视颠颠②。当是时也，山无蹊隧③，泽无舟梁④；万物群生，连属其乡⑤；禽兽成群，草木遂长⑥。是故禽兽可系羁而游⑦，鸟鹊之巢可攀援而窥⑧。夫至德之世，同与禽兽居，族与万物并⑨，恶乎知君子小人哉？同乎无知，其德不离⑩；同乎无欲，是谓素朴⑪；素朴而民性得矣。

及至圣人，蹩躠为仁⑫，踶跂为义⑬，而天下始疑矣；澶漫为乐⑭，摘僻为礼⑮，而天下始分矣。故纯朴不残⑯，孰为牺尊⑰？白玉不毁，孰为珪璋⑱？道德不废⑲，安取仁义⑳！性情不离，安用礼乐？五色不乱，孰为文采㉑！五声不乱，孰应六律！夫残朴以为器，工匠之罪也；毁道德以为仁

注释：①填填：稳重的样子。②颠颠：专一的样子。③蹊：小路。隧：隧道。④梁：桥。⑤连属：相互连接。⑥遂：任心随意地。⑦系羁：用绳子牵引。⑧攀援：攀登爬越。窥：观察，探视。⑨族：聚合。并：比并。⑩离：背离，丧失。⑪素朴：纯真朴实，指本色。⑫蹩躠：步履艰难的样子。⑬踶跂：竭力向上的样子。⑭澶漫：放纵地逸乐。⑮摘僻：繁琐。⑯纯朴：未加过工的木材。⑰牺尊：雕刻精致的酒器。牺，一音suō。郑玄云：画凤皇羽饰尊，婆婆然也。⑱珪璋：玉器。⑲道德：指人类原始的自然本性。⑳仁义：指人为的各种道德规范。㉑文采：错杂华丽的色彩。

义，圣人之过也。

❸ 夫马，陆居则食草饮水，喜则交颈相靡①，怒则分背相踶②。马知已此矣。夫加之以衡扼③，齐之以月题④，而马知介倪⑤、闉扼⑥、鸷曼⑦、诡衔⑧、窃辔⑨。故马

注释：①靡：通"摩"，触摩。②分背：背对背。踶：踢。③衡：车辕前面的横木。扼：通"轭"，叉马颈的条木。④齐：装饰。月题：马额上的佩饰。⑤介：独。倪：睥睨，意为斜眼窥视，不肯就范。⑥闉扼：指马弯曲脖子，试图挣脱车轭。⑦鸷曼：指马猛烈冲突，不受羁束。⑧诡衔：诡谲地想吐出橛衔。⑨窃辔：偷偷地咬坏缰绳。

人物山水图之王猛扪虱　清·任　熊

之知[智]而态至盗者①,伯乐之罪也。夫赫胥氏之时②,民居不知所为,行不知所之,含哺而熙[嬉]③,鼓腹而游④,民能以[似]此矣。及至圣人,屈折礼乐以匡天下之形⑤,县[悬]跂仁义以慰天下之心⑥,而民乃始踶跂好知[智]⑦,争归于利,不可止也。此亦圣人之过也。

注释:①而:与。态:奸诈。盗:盗贼。②赫胥氏:传说中的古代帝王。③哺:口里所含的食物。熙:通"嬉",嬉戏。④鼓腹:指吃得饱饱的。⑤屈折:弯腰曲体。匡:端正,改变。⑥县跂:提倡。慰:使满意。⑦好知:追求智巧。

人物山水图之宁戚放牛　清·任 熊

胠箧 (qū qiè)

1. 将为胠箧、探囊、发匮之盗而为守备①，则必摄缄縢②，固扃鐍③，此世俗之所谓知(智)也。然而巨盗至，则负匮、揭箧、担囊而趋④，唯恐缄縢、扃鐍之不固也。然则乡(向)之所谓知(智)者⑤，不乃为大盗积者也？故尝试论之，世俗之所谓知(智)者，有不为大盗积者乎？所谓圣者，有不为大盗守者乎？

何以知其然邪？昔者齐国，邻邑相望，鸡狗之音相闻，罔罟之所布⑥，耒耨之所刺⑦，方二千馀里。阖四竟之内⑧，所

注释： ①胠：撬开。箧：箱子。探：掏。囊：口袋。发：打开。匮：柜子。盗：偷窃者。②摄：打结，收紧。缄、縢：均为绳索。③扃鐍：门窗和箱柜上用来加锁的部件。④负：背负。揭：举，扛着。趋：疾走。⑤乡：通"向"，先前。⑥罔罟：网布：设置。⑦耒：犁。耨：锄。刺：插入。⑧阖：全。竟：境。

以立宗庙社稷①,治邑屋州闾乡曲者②,曷尝不法圣人哉③!然而田成子一旦杀齐君而盗其国④。所盗者岂独其国邪?并与其圣知(智)之法而盗之。故田成子有乎盗贼之名,而身处尧、舜之安;小国不敢非⑤,大国不敢诛⑥,十二世有齐国。则是不乃窃齐国,并与其圣知(智)之法以守其

注释:①宗庙:国君祭祀祖先的地方。社稷:指祭祀土神和谷神的地方。②治:管理。邑、屋、州、闾、乡曲:古代不同行政区划的名称。③曷尝:何曾。法:效法。④田成子:春秋晚期齐国大夫陈恒。⑤非:非议。⑥诛:讨伐。

攘窃牺牲图

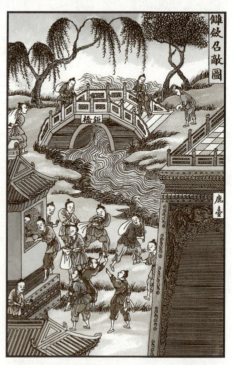

雠敛召敌图

盗贼之身乎？尝试论之，世俗之所谓至知<ruby>智</ruby>者，有不为大盗积者乎？所谓至圣者，有不为大盗守者乎？

何以知其然邪？昔者龙逢斩①，比干剖②，苌弘胣③，子胥靡④，故四子之贤而身不免乎戮。故跖之徒问于跖曰："盗亦有道乎⑤？"跖曰："何适而无有道邪？夫妄意室中之藏⑥，圣也；入先，勇也；出后，义也；知可否，知<ruby>智</ruby>也；分均，仁也。五者不备而能成大盗者，天下未之有也。"由是观之，善人不得圣人之道不立，跖不得圣人之道不行；天下之善人少而不善人多，则圣人之利天下也少而害天下也多。故曰：唇竭而齿寒⑦，鲁酒薄而邯郸围⑧，圣人生而大盗起。掊击圣

注释：①龙逢：夏桀时的贤人，被夏桀杀害。②比干：殷纣王的叔叔，因力谏被纣王剖心。③苌弘：周灵王时的贤臣。胣：剖腹掏肠。④子胥：即伍员，吴王夫差时被杀害。靡：同糜，腐烂。⑤道：此指规矩。⑥妄意：凭空推测。⑦竭：尽，丧失。⑧这句是借历史故事来说明事有关联，常常出乎预料。

人①，纵舍盗贼②，而天下始治矣。

② 夫川竭而谷虚③，丘夷而渊实④。圣人已死，则大盗不起，天下平而无故矣。圣人不死，大盗不止。虽重圣人而治天下⑤，则是重利盗跖也⑥。为之斗斛以量之⑦，

注释：①掊：抨击。②纵舍：释放。③竭：干涸。虚：空旷。④夷：平。渊：深潭。实：满。⑤重圣人：使圣人之法得到重视。⑥重利盗跖：使盗跖获得厚利。⑦斛：量器，十斗为一斛。

公子窃符救赵图

则并与斗斛而窃之;为之权衡以称之①,则并与权衡而窃之;为之符玺以信之②,则并与符玺而窃之;为之仁义以矫之③,则并与仁义而窃之。何以知其然邪?彼窃钩者诛④,窃国者为诸侯,诸侯之门而仁义存焉,则是非窃仁义圣知(智)邪?故逐于大盗⑤,揭诸侯⑥,窃仁义并斗斛权衡符玺之利者,虽有轩冕之赏弗能劝⑦,斧钺之威弗能禁⑧。此重利盗跖而使不可禁者,是乃圣人之过也。故曰:"鱼不可脱于渊,国之利器不可以示人⑨。"彼圣人者,天下之利器也,非所以明天下也⑩。

故绝圣弃知(智),大盗乃止;擿玉毁珠⑪,小盗不起;焚符破玺,而民朴鄙⑫;掊斗折衡⑬,而民不争;殚残天下之圣法⑭,而

注释:①权:秤锤。衡:秤杆。②符:符契。玺:印章。信:取信。③矫:纠正。④钩:带钩,此泛指不值钱的东西。诛:刑戮,杀害。⑤逐:竞逐,追随。⑥揭:举。⑦轩:古代大夫以上的人所乘坐的车。冕:古代大夫或诸侯所戴的礼帽。劝:劝勉,鼓励。⑧钺:大斧。⑨示:显露。⑩明:显示,使人明白。⑪擿:掷。⑫朴鄙:朴实无华。⑬掊:破,打碎。⑭殚:耗尽。残:毁坏。

民始可与论议。擢乱六律①,铄绝竽瑟②,塞瞽旷之耳③,而天下始人含其聪矣④;灭文章⑤,散五采⑥,胶离朱之目,而天下始人含其明矣;毁绝钩绳而弃规矩,攦

注释:①擢:拔掉。②铄:销毁。绝:折断。竽瑟:两种古乐器之名器。③瞽旷:即师旷。④含:保全。⑤文章:文采,花纹。⑥五采:即五色。

垂典百工图

工倕之指①，而天下始人有其巧矣②。故曰："大巧若拙。"削曾、史之行，钳杨、墨之口，攘弃仁义③，而天下之德始玄同矣④。彼人含其明，则天下不铄矣⑤；人含其聪，则天下不累矣⑥；人含其知（智），则天下不惑矣；人含其德，则天下不僻矣⑦。彼曾、史、杨、墨、师旷、工倕、离朱，皆外立其德而以爝乱天下者也⑧，法之所无用也⑨。

3 子独不知至德之世乎？昔者容成氏、大庭氏、伯皇氏、中央氏、栗陆氏、骊畜氏、轩辕氏、赫胥氏、尊卢氏、祝融氏、伏羲氏、神农氏⑩，当是时也，民结绳而用之⑪，甘其食，美其服，乐其俗，安其

注释：①攦：折断。工倕：传说中的能工巧匠。②有：保有。③攘：推开，排除。④玄同：混同。⑤铄：眩目。⑥累：忧患。⑦僻：邪恶。⑧爝：炫耀。爝乱：迷乱。⑨法：自然法则。⑩容成氏等十二人：都是传说中的古代帝王或部落首领。⑪结绳：文字产生之前的记事方法之一。

居，邻国相望，鸡狗之音相闻，民至老死而不相往来。若此之时，则至治已。今遂至使民延颈举踵①，曰"某所有贤者"，赢粮而趣趋之②，则内弃其亲而外去其主之事，足迹接乎诸侯之境，车轨结乎千里之外③。则是上好知智之过也④。上诚好知智而无道，则天下大乱矣。

何以知其然邪？夫弓弩、毕弋、机变

注释：①遂：竟。延颈：伸长脖颈。举踵：踮起脚跟。②赢：裹，包着。趣：通"趋"，快步走。③结：往来交错。④上：此泛指统治者。好知：喜好才智。

伏羲八卦治天下图　清·佚名

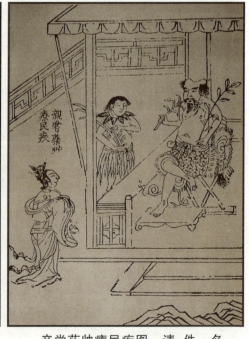

亲尝药帅疗民疾图　清·佚名

之知智多①，则鸟乱于上矣；钩饵、罔罟、罾笱之知智多②，则鱼乱于水矣；削格罗落置罘之知智多③，则兽乱于泽矣；知智诈渐毒、颉滑坚白、解垢诟同异之变多④，则俗惑于辩矣。故天下每每大乱⑤，罪在于好知智。故天下皆知求其所不知，而莫知求其所已知者，皆知非其所不善，而莫知非其所已善者，是以大乱。故上悖日月之明⑥，下烁铄⑦山川之精，中堕隳四时之施⑧；惴耎之虫⑨，肖翘之物⑩，莫不失其性。甚矣！夫好知智之乱天下也！自三代以下者是已，舍夫种种之民而悦夫役役之佞⑪，释夫恬淡无为而悦夫啍啍谆谆之意⑫，啍谆啍谆已乱天下矣！

注释：①弩：带有机关的连珠箭。毕：一种带柄的网。弋：系有丝绳可以回收的箭。机变：机关巧变。②罾：用竿子支撑形如伞状的鱼网。笱：用作捕鱼的竹笼。③削格：装有机关的捕兽木笼。罗落：用来关守野兽的网状篱笆。置罘：捕兽的网。④知诈：巧智多诈。渐毒：欺诈。颉滑：错乱，混淆。解垢：言词诡曲。垢通"诟"。同异：战国名家之一诡辩论题。变：权变，变诈。⑤每每：常常。⑥悖：遮掩。⑦烁：通"铄"，销解。⑧堕：通"隳"，毁坏。施：推移。⑨惴耎：指附地而生的小虫。⑩肖翘：飞在空中的小虫。⑪种种：淳朴的样子。役役：钻营狡黠的样子。佞：巧言谄媚的小人。⑫释：放置，废弃。啍啍：通"谆谆"，教诲人的口气。

天运

1 "天其运乎？地其处乎①？日月其争于所乎②？孰主张是③？孰维纲是④？孰居无事推而行是⑤？意者其有机缄而不得已邪⑥？意者其运转而不能自止邪？云者为雨乎？雨者为云乎？孰隆施是⑦？孰居无事淫乐而劝是⑧？风起北方，一西一东⑨，有上彷徨⑩，孰嘘吸是⑪？孰居无事而披拂是⑫？敢问何故？"巫咸袑曰⑬："来！吾语女（汝）。天有六极五常⑭，帝王顺之则治，逆之则凶。九洛之事⑮，治成德备⑯，监照下土⑰，天下戴之⑱，此谓上皇。"

注释：①处：静止。②争于所：争夺处所。③主张：主宰施张。④维纲：统领。⑤行：推行。⑥意者：或者。机：关。缄：闭。⑦隆：通"降"，下；下降。⑧淫乐：贪求欢乐。⑨一……或。⑩彷徨：飘忽不定。⑪嘘吸：呼吸。⑫披拂：煽动。⑬巫咸袑：商代神巫。⑭六极：东西南北上下。五常：指金、木、水、火、土五行。⑮九洛之事：九州聚落之事。⑯治成：实现太平。德备：道德完备。⑰监：临。⑱戴：爱戴。

2

商大(太)宰荡问仁于庄子①。庄子曰:"虎狼,仁也。"曰:"何谓也?"庄子曰:"父子相亲,何为不仁?"曰:"请问至仁②?"庄子曰:"至仁无亲。"大(太)宰曰:"荡闻之,无亲则不爱,不爱则不孝。谓至仁不孝,可乎?"

庄子曰:"不然。夫至仁尚矣,孝固

注释:①商:指宋国,因宋国是商朝的后代。大宰:官名。②至仁:最高境界的仁。

三更车子内家出,中宫笼灯拥驺卒图 清·任 熊

不足以言之。此非过孝之言也①，不及孝之言也。夫南行者至于郢②，北面而不见冥山③，是何也？则去之远也。故曰：以敬孝易，以爱孝难；以爱孝易，以忘亲难；忘亲易，使亲忘我难；使亲忘我易，兼忘天下难；兼忘天下易，使天下兼忘我难。夫德遗尧、舜而不为也，利泽施于万世，天下莫知也，岂直大(太)息而言仁孝乎哉④？夫孝悌仁义，忠信贞廉，此皆自勉以役其德者也⑤，不足多也⑥。故曰，至贵，国爵并焉⑦；至富，国财并焉；至愿，名誉并焉。是以道不渝⑧。"

❸ 北门成问于黄帝曰⑨："帝张咸池之乐于洞庭之野⑩，吾始闻之惧，复闻之

注释：①过孝：超过孝。②郢：楚国的都城。③冥山：山名，在郢都北面。④岂直：难道。大息：嗟叹。大：通"太"。⑤役其德：劳役其真性。⑥多：推崇。⑦并：通"屏"。抛弃。下并同。⑧渝：改变。⑨北门成：黄帝之臣。⑩张：演奏。咸池：乐曲名。洞庭之野：广漠的原野。

怠①，卒闻之而惑②；荡荡默默③，乃不自得④。"

帝曰："汝殆其然哉⑤！吾奏之以人⑥，征之以天⑦，行之以礼义，建之以大（太）清⑧。

注释：①怠：心意松弛。②惑：心神迷惑。③荡荡：恍恍惚惚。默默：昏昏暗暗。④不自得：不能自主。⑤殆其然：可能会那样。⑥人：人事。⑦征：取法。⑧建：立。大清：天道。〔按〕"建之以大清"之后原接有"夫至乐者，先应之以人事，顺之以天理，行之以五德，应之以自然，然后调理四时，太和万物"三十五字，据唐写本删。

审音知政图

四时迭起①,万物循生;一盛一衰②,文武伦经③;一清一浊④,阴阳调和,流光其声;蛰虫始作⑤,吾惊之以雷霆。其卒无尾,其始无首;一死一生,一偾一起⑥;所常无穷⑦,而一不可待⑧。汝故惧也。

"吾又奏之以阴阳之和,烛之以日月之明⑨。其声能短能长,能柔能刚;变化齐一,不主故常;在谷满谷,在阬满阬⑩;涂郄隙守神⑪,以物为量。其声挥

注释:①迭起:更替。②盛:指夏季的繁茂。衰:指冬季的衰败。③文武:指春季的生长和秋季的肃杀。伦经:更迭的次序。④清:指天。浊:指地。⑤蛰虫:冬眠的虫。作:活动。⑥偾:仆倒。⑦所常:变化的方式。⑧一:全。⑨烛:照。⑩阬:即坑。⑪涂:填塞。郄:通"隙",孔隙。守神:持守宁寂的精神。

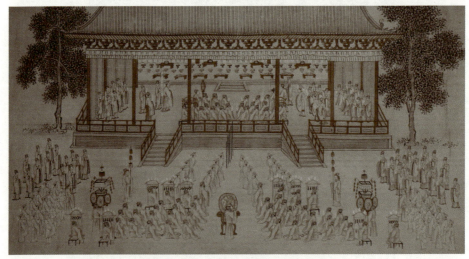

孝经图之感应章　明·仇英

绰①，其名高明。是故鬼神守其幽，日月星辰行其纪②。吾止之于有穷③，流之于无止④。予欲虑之而不能知也，望之而不能见也，逐之而不能及也；傥然立于四虚之道⑤，倚于槁梧而吟⑥：'目知穷乎所欲见，力屈乎所欲逐⑦，吾既不及已夫！'形充空虚⑧，乃至委蛇⑨。汝委蛇，故怠。

"吾又奏之以无怠之声⑩，调之以自然之命⑪。故若混逐丛生⑫，林乐而无形⑬；布挥而不曳⑭，幽昏而无声。动于无方⑮，居于窈冥⑯；或谓之死，或谓之生，或谓之实⑰，或谓之荣⑱；行流散徙⑲，不主常声。世疑之，稽于圣人⑳。圣也者，达于情而遂于命也㉑。天机不张而五官皆备㉒，

注释：①挥绰：悠扬。②纪：规律。③穷：尽头。④流：传送。⑤傥然：无心的样子。四虚之道：通达四方的大道。⑥槁梧：指几案。⑦屈：竭尽。⑧形充：形体内。⑨委蛇：随顺自然。⑩无怠：激昂。⑪命：节奏。⑫混逐：混杂一起，相互追逐。丛生：丛聚并生。⑬林乐：群乐，指众乐齐奏。无形：无法分辨。⑭布挥：张扬。不曳：没有约束。⑮方：程式。⑯窈冥：深远幽暗。⑰实：结果实。⑱荣：开花。⑲行流散徙：随物变化。⑳稽：考察。㉑遂：顺。㉒天机：天然神理。

此之谓天乐,无言而心说(悦)。故有焱氏①为之颂曰:'听之不闻其声,视之不见其形,充满天地,苞裹六极②。'汝欲听之而无接焉③,而故惑也。

"乐也者,始于惧,惧故祟④;吾又次之以怠,怠故遁⑤;卒之于惑,惑故愚;愚故道,道可载而与之俱也。"

注释:①有焱氏:神农氏。焱同燊。②苞裹:即包裹,包容之意。③无接:无法捉摸。④祟:祸患。⑤遁:退隐。

召告上天图

奏鼓救日图

4 孔子西游于卫。颜渊问师金曰①："以夫子之行为奚如?"师金曰："惜乎,而夫子其穷哉②!"颜渊曰："何也?"

师金曰："夫刍狗之未陈也③,盛以箧衍④,巾以文绣⑤,尸祝⑥齐戒以将之⑦。及其已陈也,行者践其首脊,苏者取而爨之而已⑧;将复取而盛以箧衍,巾以文绣,游居寝卧其下,彼不得梦,必且数眯焉⑨。今而夫子,亦取先王已陈刍狗,聚弟子游居寝卧其下。故伐树于宋⑩,削迹于卫⑪,穷于商、周⑫,是非其梦邪?围于陈、蔡之间,七日不火食⑬,死生相与邻,是非其眯邪?

"夫水行莫如用舟,而陆行莫如用

注释:①师金:鲁国太师,名金。②穷:陷入困境。③刍狗:用茅草扎成的狗,祭祀时使用。陈:摆设。④箧衍:竹筐。⑤巾:覆盖,装饰。文:通"纹",花纹。⑥尸祝:主持祭祀的人。⑦齐戒:斋戒。将:送。⑧苏:拾草的人。爨:烧火做饭。⑨眯:梦魇,这里指受到压抑。⑩伐树于宋:孔子曾游说于宋,在一棵树下聚徒讲学,宋司马桓魋因与孔子有积怨,将大树砍倒,孔子落荒而逃。⑪削迹于卫:孔子曾在卫国被困,无法再入卫国。⑫穷于商周:指孔子曾在宋国和东周受困。⑬不火食:不能生火做饭。

车。以舟之可行于水也而求推之于陆,则没世不行寻常①。古今非水陆与?周、鲁非舟车与?今蕲行周于鲁②,是犹推舟于陆也,劳而无功,身必有殃。彼未知夫无方之传③,应物而不穷者也。

"且子独不见夫桔槔者乎?引之则

注释:①没世:终生。②蕲:求。③无方:没有限定。传:转,即运动变化。

陈蔡兵围孔子图

俯①，舍之则仰。彼，人之所引，非引人也，故俯仰而不得罪于人。故夫三皇五帝之礼义法度，不矜于同而矜于治②。故譬三皇五帝之礼义法度，其犹柤梨橘柚邪！其味相反而皆可于口。

"故礼义法度者，应时而变者也。今取猨狙而衣以周公之服③，彼必龁齧挽裂④，尽去而后慊。观古今之异⑤，犹猨狙之异乎周公也。故西施病心而矉其里⑥，其里之丑人见之而美之，归亦捧心而矉其里⑦。其里之富人见之，坚闭门而不出；贫人见之，挈妻子而去走⑧。彼知矉美而不知矉之所以美。惜乎，而夫子其穷哉！"

注释：①引：拉。②矜：看重。③猨狙：猿猴。④龁齧：咬。挽裂：扯破。⑤慊：满意。⑥矉：通颦，皱眉。⑦捧心：按着胸口。⑧妻子：妻子儿女。去：逃离。走：跑开。

❺ 孔子行年五十有一而不闻道，乃南之沛见老聃①。老聃曰："子来乎？吾闻子，北方之贤者也，子亦得道乎？"孔子曰："未得也。"老子曰："子恶乎求之哉？"曰："吾求之于度数②，五年而未得也。"老子曰："子又恶乎求之哉？"曰："吾求之于阴阳，十有二年而未得。"

老子曰："然。使道而可献③，则人莫不献之于其君；使道而可进，则人莫不

注释：①南之沛：往南到沛地去。②度数：制度名数。见《天道》。③使：假使。

问礼老聃图·孔子圣蹟图

进之于其亲；使道而可以告人，则人莫不告其兄弟；使道而可以与人，则人莫不与其子孙。然而不可者，无佗(他)也，中无主而不止①，外无正而不行②。由中出者，不受于外，圣人不出；由外入者，无主于中，圣人不隐③。名，公器也，不可多取。仁义，先王之蘧庐也④，止可以一宿而不可久处，觏而多责⑤。

"古之至人，假道于仁⑥，托宿于义⑦，以游逍遥之虚(墟)⑧，食于苟简之田⑨，立于不贷之圃⑩。逍遥，无为也；苟简，易养也；不贷，无出也。古者谓是采真之游⑪。

"以富为是者，不能让禄；以显为是者，不能让名；亲权者⑫，不能与人柄⑬。操之则栗，舍之则悲，而一无所鉴⑭，以

注释：①中无主：内心没有主见。止：停留。②正："匹"之误，匹对。③隐：精通。④蘧庐：旅舍。⑤觏：积滞。⑥假：借。⑦托宿：寄居，利用。⑧虚：通"墟"，境界。⑨苟简：粗放。⑩不贷：只求自给自足，毋须施与。⑪采真：神采纯真。⑫亲权：热衷于权势。⑬柄：权位。操：掌握。⑭鉴：觉察。

窥其所不休者，是天之戮民也。怨、恩、取、与、谏、教、生、杀八者，正之器也①，唯循大变无所湮者为能用之②。故曰："正者，正也。其心以为不然者，天门弗开矣③。"

6 孔子见老聃而语仁义。老聃曰："夫播穅眯目，则天地四方易位矣④；蚊虻嘬肤⑤，则通昔不寐矣⑥。夫仁义憯然，

注释：①正：治理。②湮：塞滞。③天门：天道之门，指心灵。④眯：灰沙入眼。⑤嘬：叮咬。⑥昔：通"夕"，夜。

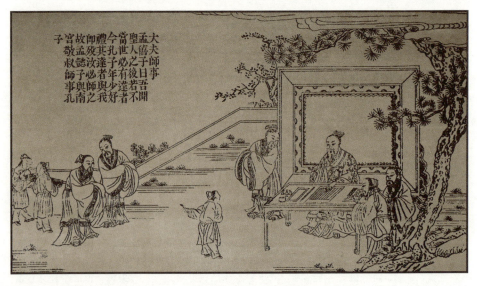

大夫师事·孔子圣蹟图

乃愤吾心①，乱莫大焉。吾子使天下无失其朴，吾子亦放风而动②，总德而立矣③，又奚杰杰然若负建鼓而求亡子者邪④？夫鹄不日浴而白⑤，乌不日黔而黑⑥。黑白之朴，不足以为辩；名誉之观⑦，不足以为广⑧。泉涸，鱼相与处于陆，相呴以湿⑨，相濡以沫⑩，不若相忘于江湖。"

孔子见老聃归，三日不谈。弟子问曰："夫子见老聃，亦将何规哉⑪？"孔子曰："吾乃今于是乎见龙！龙，合而成体，散而成章⑫，乘云气而养乎阴阳。予口张而不能嗋⑬，予又何规老聃哉？"子贡曰："然则人固有尸居而龙见（现）⑭，雷声而渊默⑮，发动如天地者乎？赐亦可得而观

注释： ①愤：通"惛"，含毒害至深的意思。愤：激，扰乱。②放：依。③总：持。④杰杰然：用力的样子。⑤鹄：本又作鹤。⑥乌：乌鸦。黔：染黑。⑦观：外观。⑧广：张扬。⑨呴：张口出气。⑩濡：沾湿。⑪规：规劝。⑫章：华美的文采。⑬嗋：合拢。⑭固：岂，难道。尸居而龙见：看似寂然不动，实如龙一样活现。⑮雷声：像疾雷那样震响。渊默：像深渊那样沉寂。

乎①?"遂以孔子声见老聃②。

老聃方将倨堂而应③,微曰:"予年运而往矣④;子将何以戒我乎⑤?"子贡曰:"夫三王五帝之治天下不同,其系声名一也。而先生独以为非圣人,如何哉?"

老聃曰:"小子少进⑥!子何以谓不同?"对曰:"尧授舜,舜授禹,禹用力而汤用兵,文王顺纣而不敢逆,武王逆纣而不肯顺,故曰不同。"

老聃曰:"小子少进!余语汝三皇五

注释:①赐:子贡字。②孔子声:孔子的名声。③倨堂:坐在堂上。④年运而往:年岁老迈。⑤戒:指教。⑥小子:年轻人。少进:稍上前来。

老子松下授经图　明·佚名

帝之治天下。黄帝之治天下，使民心一①，民有其亲死不哭而民不非也②。尧之治天下，使民心亲，民有为其亲杀其杀而民不非也③。舜之治天下，使民心竞④，民孕妇十月生子，子生五月而能言，不至乎孩⑤而始谁⑥，则人始有夭矣⑦。禹之治天下，使民心变，人有心而兵有顺⑧，杀盗非杀人，自为种而'天下'耳⑨。是以天下大骇，儒、墨皆起。其作始有伦⑩，而今乎妇女⑪，何言哉！余语汝，三皇五帝之治天下，名曰治之，而乱莫甚焉。三皇之知[智]，上悖日月之明⑫，下睽山川之精⑬，中堕[隳]四时之施⑭。其知[智]憯于蛎虿之尾⑮，鲜规之兽⑯，莫得安其性命之情者，

注释：①一：淳一。②非：责备。③杀其杀：（前）杀：降杀，降级。根据与死者亲疏不同而穿不同等差的丧服。（后）杀：差等。④竞：争。⑤孩：婴儿笑。⑥始谁：开始认别人。⑦夭：夭折。⑧顺：合理。⑨种：类，引申为朋党、团伙。⑩作：起。伦：理。⑪今乎妇女：如今如同女人般矫揉造作。⑫悖：遮掩。⑬睽：违背。⑭堕：毁坏。施：推移。⑮蛎虿：蝎子之类的毒虫。⑯鲜规之兽：指小动物。

而犹自以为圣人，不可耻乎？其无耻也！"子贡蹴蹴然立不安①。

注释：①蹴蹴然：惶惧不安的样子。

删述六经·孔子圣蹟图

❼ 孔子谓老聃曰："丘治《诗》、《书》、《礼》、《乐》、《易》、《春秋》六经，自以为久矣，孰知其故矣①，以奸者七十二君②，论先王之道而明周、召之迹③，一君无所钩用④。甚矣！夫人之难说也，道之难明邪？"

老子曰："幸矣，子之不遇治世之君也！夫六经，先王之陈迹也，岂其所以迹哉⑤！今子之所言，犹迹也。夫迹，履之所出⑥，而迹岂履哉？夫白鶂之相视⑦，眸子不运而风化⑧；虫，雄鸣于上风，雌应于下风而风化；类自为雌雄⑨，故风化。性不可易，命不可变，时不可止，道不可壅。苟得于道，无自而不可；失焉者⑩，无自而可。"

注释：①孰：熟悉，精通。孰同熟。故：典故。②奸：求，进。③周、召：指周公、召公。④钩：取。⑤所以迹：留下这些足迹的原因。⑥履：鞋。⑦白鶂：一种水鸟。⑧眸子不运：定睛注视。风化：孕育。⑨自为雌雄：自身具备雌雄两性。⑩焉：指大道。

孔子不出三月，复见，曰："丘得之矣。乌鹊孺①，鱼傅沫②，细要者化③，有弟而兄啼。久矣，夫丘不与化为人④！不与化为人，安能化人！"老子曰："可。丘得之矣！"

注释：①乌鹊：乌鸦和喜鹊。孺：孵化而生子。②傅：通"附"，借助。③要：通"腰"。细腰者：指土蜂。④不与化为人：没有和造化相互交友。

在齐闻韶图 明·仇英

刻意

1 刻意尚行①，离世异俗②，高论怨诽③，为亢而已矣④；此山谷之士⑤，非世之人⑥，枯槁赴渊者之所好也⑦。语仁义忠信，恭俭推让，为修而已矣⑧；此平世之士⑨，教诲之人，游居学者之所好也。语大功，立大名，礼君臣⑩，正上下，为治而已矣；此朝廷之士，尊主强国之人，致功并兼者之所好也⑪。就薮泽⑫，处闲旷，钓鱼闲处，无为而已矣；此江海之士，避世之人，闲暇者之所好也。吹呴呼吸，吐故纳新⑬，

注释：①刻意：磨砺心志。尚行：崇尚品行。行，古音 xìng。②离世异俗：超凡脱俗。③高论：高谈阔论。怨诽：抱怨、讥评时事。④亢：清高。⑤山谷之士：避居山谷的隐士。⑥非世之人：愤世嫉俗的人。⑦枯槁赴渊者：心如死灰、洁身自好的人。⑧修：修身。⑨平世之士：意欲平定治理天下的人。⑩礼君臣：确定君臣之礼。⑪致功：建立功业。并兼：兼并敌国。⑫就：到。薮：湖泽的通称。⑬吐故纳新：提神养气。

熊经鸟申①，为寿而已矣；此道引之士②，养形之人，彭祖寿考者之所好也③。

若夫不刻意而高，无仁义而修，无功名而治，无江海而闲，不道引而寿，无不忘也，无不有也，淡然无极④，而众美从之⑤。此天地之道，圣人之德也。

❷ 故曰：夫恬惔寂漠⑥，虚无无为，此天地之平⑦，而道德之质也⑧。

故曰：圣人休休焉则平易矣⑨，平易则恬惔矣。平易恬惔，则忧患不能入，邪气不能袭，故其德全而神不亏⑩。

故曰：圣人之生也天行⑪，其死也物化；静而与阴同德，动而与阳同波⑫。不为福先，不为祸始，感而后应，迫而后

注释：①熊经鸟申：活动筋骨，乃古代方士养生延寿的导引术。②道引：又作导引，气功。③寿考：长寿。④淡然：心平气和，毫不在意的样子。⑤众美从之：一切美好的东西都随之而来。⑥恬惔：恬淡，心境宁寂。⑦平：准则。⑧质：本质。⑨休休焉：宽容的样子。⑩神不亏：精神饱满。⑪天行：顺应自然而运动。⑫同波：同流。

动，不得已而后起。去知（智）与故①，循天之理。故无天灾，无物累，无人非，无鬼责。其生若浮②，其死若休③。不思虑，不豫（预）谋。光矣而不燿（耀）④，信矣而不期⑤。其寝不梦，其觉无忧，其神纯粹，其魂不罢（疲）。虚无恬惔，乃合天德。

故曰：悲乐者，德之邪；喜怒者，道之过；好恶者，德之失。故心不忧乐，德之至也；一而不变，静之至也；无所于忤⑥，虚之至也；不与物交，惔之至也；无所于逆，粹之至也。

故曰：形劳而不休则弊，精用而不已则劳⑦，劳则竭。水之性，不杂则清，莫动则平，郁闭而不流⑧，亦不能清，天德之象也。

注释：①去：抛弃。故：巧诈。②浮：浮游。③休：休息。④燿：同耀，过度光亮。⑤期：约。⑥于：与。忤：抵触。⑦劳：劳损。⑧郁闭：闭塞。

故曰：纯粹而不杂，静一而不变，惔而无为，动而以天行，此养神之道也。

3 夫有干越之剑者①，柙匣而藏之，不敢用也，宝之至也。精神四达并流②，无所不极③，上际于天④，下蟠于地⑤，化育万物，不可为象⑥，其名为同帝⑦。纯素之道，惟神是守；守而勿失，与神为一；一之精通⑧，合于天伦⑨。野语有之曰⑩："众人重利，廉士重名，贤士尚志，圣人贵精。"故素也者，谓其无所与杂也；纯也者，谓其不亏其神也。能体纯素⑪，谓之真人。

注释：①干越：吴越。②四达并流：四通八达，无处不流。③极：至。④际：达。⑤蟠：遍及。⑥不可为象：无法捉摸。⑦同帝：如同天帝。⑧一之精通：精通纯一之道。⑨天伦：自然之理。⑩野语：俗语。⑪体：体现。

秋水

1 秋水时至①，百川灌河②；泾流之大③，两涘渚崖之间，不辩牛马④。于是焉河伯欣然自喜⑤，以天下之美为尽在己⑥。顺流而东行，至于北海，东面而视，不见水端⑦。于是焉河伯始旋其面目⑧，望洋向若而叹曰⑨："野语有之曰：'闻道百⑩，以为莫己若者'⑪，我之谓也。且夫我尝闻少仲尼之闻而轻伯夷之义者⑫，始吾弗信；今我睹子之难穷也⑬，吾非至于子之门则殆矣⑭，吾长见笑于大方之家⑮。"

注释：①时：按时。②河：黄河。③泾流：水流。④涘：河岸。渚：水中的沙洲。辩：通"辨"，分。⑤河伯：河神。⑥以：以为。⑦端：尽头。⑧旋：改变。⑨若：海神名。⑩百：清代郭庆藩认为"百"古读若搏（bó），与"若"协韵。（见郭氏《庄子集释》。）⑪莫己若：没有谁比得上自己。⑫少：瞧不起。⑬难穷：难以穷尽，意指无边无际。⑭殆：危险。⑮大方之家：懂得大道的人。

北海若曰："井蛙不可以语于海者，拘于虚墟也①；夏虫不可以语于冰者，笃于时也②；曲士不可以语于道者③，束于教也。今尔出于崖涘，观于大海，乃知尔丑④，尔将可与语大理矣。天下之水，莫大于海，万川归之，不知何时止而不盈⑤；尾闾泄之⑥，不知何时已而不虚⑦；春秋

注释：①拘：限制。虚：通"墟"，住所。②笃：限制。③曲士：孤陋寡闻之人。④丑：鄙陋。⑤盈：满。⑥尾闾：排泄海水的地方。⑦虚：减少。

松下闲吟图 南宋·无款

不变，水旱不知。此其过江、河之流，不可为量数。而吾未尝以此自多者①，自以比形于天地②，而受气于阴阳，吾在于天地之间，犹小石小木之在大山也。方存乎见少③，又奚以自多？计四海之在天地之间也，不似礨空之在大泽乎④？计中国之在海内，不似稊米之在大仓乎⑤？号物之数谓之万⑥，人处一焉；人卒九州⑦，谷食之所生，舟车之所通，人处一焉⑧；此其比万物也，不似豪末之在于马体乎⑨？五帝之所连⑩，三王之所争，仁人之所忧，任士之所劳⑪，尽此矣！伯夷辞之以为名，仲尼语之以为博，此其自多也，不似尔向之自多于水乎⑫？"

注释：①自多：自夸。②比：通"庇"，寄托。③见少：显得渺小。④礨空：石缝。⑤稊米：小米。大仓：即太仓，用以贮粮食的大谷仓。⑥号：号称。⑦卒：通"萃"，聚集。⑧处一：占万物中之一。⑨豪末：毫毛。⑩连：继承。⑪任士：担任官职的人。⑫向：先前。

2 河伯曰："然则吾大天地而小豪(毫)末,可乎?"

北海若曰："否。夫物,量无穷,时无止,分无常①,终始无故②。是故大知(智)观于远近,故小而不寡,大而不多,知量无穷,证向今故③,故遥而不闷④,掇而不跂(企)⑤,知时无止;察乎盈虚,故得而不

注释：①分：状态。②故：固定。③向：明。今故：今古。④遥：远。闷：昧。⑤掇：拾取。跂：通"企",企及。

平秩东作图

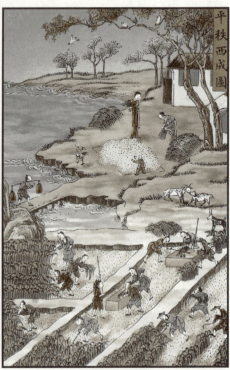

平秩西成图

喜，失而不忧，知分之无常也；明乎坦涂①，故生而不说(悦)，死而不祸，知终始之不可故(固)也②。计人之所知，不若其所不知；其生之时，不若未生之时；以其至小，求穷其至大之域③，是故迷乱而不能自得也。由此观之，又何以知豪(毫)末之足以定至细之倪④？又何以知天地之足以穷至大之域？"

3 河伯曰："世之议者皆曰：'至精无形⑤，至大不可围⑥。'是信情乎⑦？"

北海若曰："夫自细视大者不尽，自大视细者不明。夫精，小之微也；垺⑧，大之殷也；故异便⑨。此势之有也⑩。夫精粗者，期于有形者也⑪；无形者，数之所不

注释：①涂：通"途"，大道。②故：通"固"，固定。③至大之域：指未生之时和未知之事。④倪：标准。⑤至精：最精细。⑥围：范围。⑦信：实。⑧垺：特大之意。⑨异便：各有不同的便利。⑩势：形势，情势。⑪期：依赖。

能分也①；不可围者，数之所不能穷也。可以言论者②，物之粗也③；可以意致者④，物之精也。言之所不能论，意之所不能察致者⑤，不期精粗焉。是故大人之行⑥，不出乎害人，不多仁恩⑦；动不为利，不贱门隶⑧；货财弗争，不多辞让；事焉不

注释：①数：数字。分：分解。②可以言论：可以用言语来谈论。③粗：粗浅，指事物外在的东西。④意：心思，意念。致：达到。⑤察：应为衍文。⑥大人：指道德修养高尚的人。⑦多：推崇，赞美。⑧门隶：守门的人。

玉楼春思图 南宋·无款

借人,不多食乎力①,不贱贪污;行殊乎俗,不多辟异②;为在从众③,不贱佞谄④;世之爵禄不足以为劝⑤,戮耻不足以为辱;知是非之不可为分,细大之不可为倪。闻曰:'道人不闻⑥,至德不得⑦,大人无己。'约分之至也⑧。"

4 河伯曰:"若物之外⑨,若物之内,恶至而倪贵贱⑩?恶至而倪小大?"

北海若曰:"以道观之,物无贵贱。以物观之⑪,自贵而相贱。以俗观之,贵贱不在己。以差观之,因其所大而大之⑫,则万物莫不大;因其所小而小之,则万物莫不小;知天地之为稊米也,知豪末之为丘山也,则差数睹矣。以功观之,因

注释:①**食乎力**:自食其力。②**辟异**:邪僻和乖异。辟通"僻"。③**为**:行为。**从众**:追随一般的人。④**佞谄**:奉承、谄媚之人。⑤**劝**:勉励。⑥**道人**:能体察大道的人。**不闻**:指不求闻名于世。⑦**不得**:指不求有所得。⑧**约**:约束。**分**:分寸。⑨**若**:如此。⑩**倪**:端倪,区分。⑪**物**:物体本身。⑫**大之**:以之为大。

其所有而有之①，则万物莫不有；因其所无而无之，则万物莫不无；知东西之相反而不可以相无②，则功分定矣③。以趣(趋)观之④，因其所然而然之⑤，则万物莫不然；因其所非而非之，则万物莫不非；知

注释：①有之：以之为有。②东、西：指事物相互对立而又相互依存的不同方面。③功分：功用与本分。④趣：通"趋"，趋向，取向。⑤然之：以之为对的。

子哙思弱让位图

尧、桀之自然而相非①，则趣操睹矣②。昔者尧、舜让而帝③，之、哙让而绝④，汤、武争而王，白公争而灭⑤。由此观之，争让之礼，尧、桀之行，贵贱有时，未可以为常也。梁丽可以冲城⑥，而不可以窒穴⑦，言殊器也⑧。骐骥、骅骝一日而驰千里⑨，捕鼠不如狸狌⑩，言殊技也⑪。鸱鸺夜撮蚤⑫，察豪末，昼出瞋目而不见丘山⑬，言殊性也⑭。故曰，盖师是而无非、师治而无乱乎⑮？是未明天地之理、万物之情者也。是犹师天而无地，师阴而无阳，其不可行明矣。然且语而不舍，非愚则诬也⑯。帝王殊禅，三代殊继。差其时⑰，逆其俗者⑱，谓之篡夫⑲；当其时顺其俗

注释：①自然：自以为然，自认为是对的。②操：操守。③让：禅让。帝：称帝。④之：子之，燕国的宰相。哙：燕王。⑤白公：名胜，楚平王之孙。⑥梁丽：屋梁。⑦窒：堵塞。⑧器：器用。⑨骐骥、骅骝：都是骏马。⑩狸：野猫。狌：黄鼠狼。⑪殊技：本领和技能不一样。⑫鸱鸺：猫头鹰。⑬瞋目：瞪大眼睛。⑭殊性：禀赋、本性不一样。⑮盖：通"盍"，何不。⑯诬：欺骗。⑰差：不合于，时：时机。⑱逆：违背。俗：世俗民情。⑲篡夫：篡逆之徒。

者①，谓之义之徒。默默乎河伯！女(汝)恶知贵贱之门、小大之家②！"

5 河伯曰："然则我何为乎？何不为乎？吾辞受趣舍③，吾终奈何？"

北海若曰："以道观之，何贵何贱，是谓反衍④；无(毋)拘而志⑤，与道大蹇⑥。何少何多，是谓谢施⑦；无一而行⑧，与道参差⑨。严乎若国之有君⑩，其无私德⑪，繇繇乎若祭之有社⑫，其无私福；泛泛乎其若四方之无穷⑬，其无所畛域⑭。兼怀万物，其孰承翼⑮？是谓无方⑯。万物一齐，孰短孰长？道无终始，物有死生，不恃其成；一虚一满，不位乎其形⑰。年不可举⑱，

> 注释：①当：适应。②门、家：喻指界限。③趣舍：趋就或舍弃。④反衍：散漫没有边际。也作眅衍、叛衍。⑤拘：固守。而：你。⑥蹇：困厄，妨碍。⑦谢：代谢，交替。施：转化。⑧一：固守。⑨参差：有出入，不符合。⑩严乎：庄重的样子。⑪私：偏私。德：恩惠。⑫繇繇乎：即悠悠乎，悠然自得的样子。社：土神。⑬泛泛乎：广阔的样子。⑭畛域：界限。⑮承：接受。翼：蔽，庇护。⑯无方：随意而无所偏向。⑰位：定居，固守。形：现象。⑱年：岁月。举：提取。

时不可止；消息盈虚①，终则有始。是所以语大义之方②，论万物之理也。物之生也，若骤若驰③，无动而不变④，无时而不移。何为乎？何不为乎？夫固将自化⑤"。

注释：①消：消退。息：生长。盈：充实。②**大义之方**：大道的方向。③骤：马儿急速奔跑。驰：车马疾行。④无：莫，没有什么。⑤固：本来。自化：自然变化。

层楼春眺图　南宋·无　款

河伯曰:"然则何贵于道邪?"

北海若曰:"知道者必达于理①,达于理者必明于权②,明于权者不以物害己。至德者,火弗能热,水弗能溺,寒暑弗能害,禽兽弗能贼③。非谓其薄之也④,言察乎安危,宁于祸福⑤,谨于去就⑥,莫之能害也。故曰:天在内⑦,人在外⑧,德在乎天⑨。知天人之行⑩,本乎天,位乎得;蹢

注释:①知道:知晓大道。②权:应变。③贼:伤害。④薄:迫近,触犯。⑤宁:安。祸:灾害。⑥谨:审慎。去:离弃。就:趋就,追求。⑦天:天然,自然的东西。⑧人:人为。⑨德:高尚的修养。⑩天人:自然规律与人事变化。行:运动。

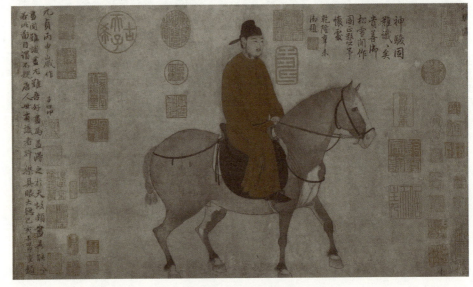

人骑图　元·赵孟頫

蹢而屈伸①，反要而语极②。"

7 曰："何谓天③？何谓人④？"
北海若曰："牛马四足，是谓天；落马首⑤，穿牛鼻，是谓人。故曰：无以人灭天，无以故灭命⑥，无以得殉名⑦。谨守而勿失⑧，是谓反其真。"

8 夔怜蚿⑨，蚿怜蛇，蛇怜风，风怜目，目怜心。
夔谓蚿曰："吾以一足趻踔而行⑩，予无如矣。今子之使万足，独奈何？"蚿曰："不然。子不见乎唾者乎？喷则大者如珠，小者如雾，杂而下者不可胜数也。今予动吾天机⑪，而不知其所以然。"

注释：①蹢躅：踯躅，徘徊不定的样子。②要：关键，根本。语极：谈论最高明的道理。③天：天然，自然的。④人：人为。⑤落：通"络"，笼住。⑥故：事。命：天命。⑦得：有所得。殉：牺牲。⑧守：持守。⑨夔：独角兽。怜：羡慕。蚿：多足虫。⑩趻踔：跳着走。⑪天机：指天生的机能。

蚿谓蛇曰："吾以众足行，而不及子之无足，何也？"蛇曰："夫天机之所动，何可易邪？吾安用足哉！"

蛇谓风曰："予动吾脊胁而行，则有似也①。今子蓬蓬然起于北海②，蓬蓬然入于南海，而似无有③，何也？"风曰："然。

注释：①有似：似有，好像有脚一样。②蓬蓬然：风吹动的样子。③似无有：无有似，不存在有足而行的形迹。

往提崆峒剑，踏雾追青虬图　清·任　熊

予蓬蓬然起于北海而入于南海也,然而指我则胜我①,鰌我亦胜我②。虽然,夫折大木、蜚飞③大屋者,唯我能也,故以众小不胜为大胜也。为大胜者,唯圣人能之。"

9 孔子游于匡④,宋人围之数匝⑤,而弦歌不惙辍⑥。子路入见,曰:"何夫子之娱也?"孔子曰:"来,吾语女汝!我讳穷久矣⑦,而不免,命也;求通久矣,而不得,时也。当尧、舜而天下无穷人⑧,非知智得也;当桀、纣而天下无通人⑨,非知智失也。时势适然⑩。夫水行不避蛟龙者,渔父之勇也;陆行不避兕虎者⑪,猎夫之勇也;白刃交于前,视死若生者,烈士之勇

注释:①指我:用手指来阻挡我。胜我:战胜我。②鰌:踏。③蜚:通"飞",刮起。④匡:地名,在宋、卫、郑三国之间。⑤匝:周。⑥弦歌:弹琴唱诵。惙:通"辍",停止。⑦讳:避忌。⑧穷人:困顿蔽塞的人。⑨通人:通达之人。⑩适:造成。⑪兕:犀牛一类的野兽。

秋水

也；知穷之有命，知通之有时，临大难而不惧者，圣人之勇也。由，处矣①！吾命有所制矣②！"

无几何，将甲者进③，辞曰④："以为阳虎也⑤，故围之；今非也，请辞而退。"

注释：①处：安息。②制：制约，支配。③将：率领。甲：指披甲的军士。④辞：谢罪，道歉。⑤阳虎：鲁国贵族季孙氏的家臣。

围匡图 明·仇英

10 公孙龙问于魏牟曰①："龙少学先王之道，长而明仁义之行；合同异②，离坚白③；然不然④，可不可；困百家之知[智]，穷众口之辩；吾自以为至达已。今吾闻庄子之言，汒焉异之⑤。不知论之不及与？知之弗若与？今吾无所开吾喙⑥，敢问其方⑦。"

公子牟隐机大[太]息⑧，仰天而笑曰："子独不闻夫埳井之蛙乎⑨？谓东海之鳖曰：'吾乐与！出跳梁跟乎井干之上⑩，入休乎缺甃之崖⑪；赴水则接腋持颐⑫，蹶泥则没足灭跗⑬；还虷、蟹与科[蝌]斗[蚪]⑭，莫吾能若也⑮。且夫擅一壑之水⑯，而跨

注释：①公孙龙：战国名家学派的代表，赵国人。②合同异：合异为同，即把事物的相同与不同合而为一，看做是齐一的。③离坚白：坚白论是战国时期名辩的论题之一。当时以公孙龙为首的一派主张"离坚白"。他分析"坚白石"，认为视觉只看到石头的白色而看不到坚硬，触觉摸到坚硬而摸不到白色，因此坚和白是分离的。④然不然：以不然为然，即把不对的看作是对的。⑤汒焉：茫然。⑥喙：嘴。⑦方：道理。⑧隐机：靠着几案。大息：深深地叹息。⑨埳井：浅井。⑩跳梁：跳踉，跳跃。井干：井口周围的栏杆。⑪甃：井壁。⑫腋：腋下。持：托着。颐：腮帮。⑬蹶：踏。跗：脚背。⑭还：回头看。虷：蚊蛤类。⑮吾能若：能够像我这样地快乐。⑯擅：专，独据。壑：坑。

跱埳井之乐①,此亦至矣。夫子奚不时来入观乎?'东海之鳖左足未入,而右膝已絷矣②,于是逡巡而却③,告之海曰:'夫千里之远,不足以举其大④;千仞之高,不足以极其深⑤。禹之时,十年九潦⑥,而

注释:①跨跱:盘踞。②絷:拘绊。③逡巡:迟疑徘徊的样子。却:退却。④举:举称,表述。⑤极:尽,穷尽。⑥潦:水淹,指洪水。

试鲧治水图

水弗为加益；汤之时，八年七旱，而崖[涯]不为加损①。夫不为顷久推移②，不以多少进退者③，此亦东海之大乐也。'于是埳井之蛙闻之，适适然惊④，规规然自失也⑤。且夫知[智]不知是非之竟[境]⑥，而犹欲观于庄子之言，是犹使蚊负山，商蚷驰河也⑦，必不胜任矣。且夫知[智]不知论极妙之言，而自适一时之利者⑧，是非埳井之蛙与？且彼方趾黄泉而登大[太]皇⑨，无南无北，奭然四解⑩，沦于不测⑪；无东无西，始于玄冥⑫，反[返]于大通⑬。子乃规规然而求之以察⑭，索之以辩，是直用管窥天，用锥指地也，不亦小乎？子往矣！且子独不闻夫寿陵馀子之学行于邯郸与⑮？

注释：①崖：通"涯"，指水边。损：减少，消退。②顷：短暂。③进退：指水位的升降。④适适然：惊恐的样子。⑤规规然：局促不安的样子。⑥竟：境。⑦商蚷：即马蚿。⑧适：往，追求。⑨趾：踏。大皇：上天。⑩奭然：释然，无阻碍的样子。四解：四面通达。⑪沦：沉没，深沉。⑫玄冥：微妙的境界。⑬大通：广阔深远的境界，即至道。⑭规规然：拘泥的样子。⑮寿陵：地名，燕国境内。馀子：未成年的人。邯郸：赵国的都城。

未得国能①，又失其故行矣②，直匍匐而归耳③。今子不去，将忘子之故，失子之业。"

公孙龙口呿而不合④，舌举而不下，乃逸而走⑤。

11 庄子钓于濮水⑥，楚王使大夫二人往先焉⑦，曰："愿以境内累矣⑧！"

庄子持竿不顾，曰："吾闻楚有神龟，死已三千岁矣，王巾笥而藏之庙堂之上⑨。此龟者，宁其死为留骨而贵乎？宁其生而曳尾于涂中乎⑩？"二大夫曰："宁生而曳尾涂中。"庄子曰："往矣，吾将曳尾于涂中。"

12 惠子相梁⑪，庄子往见之。或谓惠子曰⑫："庄子来，欲代子相。"于是惠子

注释：①国能：这里指赵国的才能和本事。②故行：原先走路的样子。③直：只。匍匐：爬行的样子。④呿：开。⑤逸：奔，走：跑。⑥濮水：水名。⑦楚王：楚威王。使：派遣。先：先述其意。⑧累：麻烦。⑨巾笥：用巾饰覆盖着。庙堂：宗庙。⑩曳尾：拖着尾巴。涂：泥。⑪惠子：即惠施。⑫或：有的人。

恐，搜于国中三日三夜①。庄子往见之，曰："南方有鸟，其名为鹓鶵②，子知之乎？夫鹓鶵，发于南海而飞于北海；非梧桐不止，非练实不食③，非醴泉不饮④。于是鸱得腐鼠⑤，鹓鶵过之，仰而视之曰：'吓⑥！'今子欲以子之梁国而吓我邪？"

13 庄子与惠子游于濠梁之上⑦。庄子曰："鯈鱼出游从容⑧，是鱼之乐也？"惠子曰："子非鱼，安知鱼之乐？"庄子曰："子非我，安知我不知鱼之乐？"惠子曰："我非子，固不知子矣；子固非鱼也，子之不知鱼之乐，全矣。"庄子曰："请循其本⑨。子曰'汝安知鱼乐'云者，既已知吾知之而问我，我知之濠上也。"

注释：①国：都城。②鹓鶵：凤类之鸟。③练实：楝树的果实。④醴泉：甘甜的泉水。⑤鸱：鸱鹰。⑥吓：怒叱之声。⑦濠：水名，在今安徽省境内。梁：拦河堰。⑧鯈鱼：即鯈鱼。一种白色的小鱼。鯈通"鯈"。⑨循：追溯。

至乐

1 天下有至乐无有哉？有可以活身者无有哉①？今奚为奚据②？奚避奚处？奚就奚去？奚乐奚恶？

夫天下之所尊者，富贵寿善也；所乐者，身安厚味美服好色音声也；所下者，贫贱夭恶也；所苦者，身不得安逸，口不得厚味，形不得美服，目不得好色，耳不得音声；若不得者，则大忧以惧，其为形也亦愚哉。

夫富者，苦身疾作，多积财而不得尽用，其为形也亦外矣③。夫贵者，夜以继日，思虑善否，其为形也亦疏矣。人之

注释：①活身：保身养命。②据：依据。③外：背离。

生也,与忧俱生,寿者惽惽①,久忧不死,何苦也!其为形也亦远矣。烈士为天下见善矣②,未足以活身。吾未知善之诚善邪,诚不善邪?若以为善矣,不足活身;以为不善矣,足以活人。故曰:"忠谏不听,蹲逡循勿争③。"故夫子胥争之,以残其形④,不争,名亦不成。诚有善无有哉?

注释:①惽惽:糊里糊涂。②见善:称美。③蹲循:迟疑退却。蹲,通"逡"。④子胥:即伍员。残其形:使其身体受到残害。

人物山水图之伍员吹箫　清·任　熊

今俗之所为与其所乐,吾又未知乐之果乐邪,果不乐邪?吾观夫俗之所乐,举群趣者①,誙誙然如将不得已②,而皆曰乐者,吾未之乐也,亦未之不乐也。果有乐无有哉?吾以无为诚乐矣,又俗之所大苦也③。故曰:"至乐无乐,至誉无誉。"

天下是非果未可定也。虽然,无为可以定是非。至乐活身,唯无为几存④。请尝试言之。天无为以之清⑤,地无为以之宁,故两无为相合,万物皆化⑥。芒乎芴乎⑦,而无从出乎⑧!芴乎芒乎,而无有象乎⑨!万物职职⑩,皆从无为殖⑪。故曰:天地无为也而无不为也。人也孰能得无为哉?

注释:①举:全。趣:通"趋",追逐。举群趣:一窝蜂地追逐。②誙誙然:争先恐后的样子。已:止。③大苦:非常痛苦。④几存:也许可以获得。⑤以之:因此。⑥化:变化而产生。⑦芒乎芴乎:恍惚。⑧无从出:即无所从出。⑨象:迹象。⑩职职:繁多的样子。⑪殖:繁殖,产生。

2 庄子妻死，惠子吊之，庄子则方箕踞鼓盆而歌①。惠子曰："与人居②，长子、老、身死③，不哭亦足矣，又鼓盆而歌，不亦甚乎！"

庄子曰："不然。是其始死也，我独何能无概慨④！然察其始而本无生⑤，非徒无生也，而本无形；非徒无形也，而本无气。杂乎芒恍芴惚之间，变而有气，气变而有形，形变而有生，今又变而之死，是相与为春秋冬夏四时行也。人且偃然寝

注释：①则：却。方：正。箕踞：分开两脚像簸箕一样坐着。鼓盆：敲打盆状的瓦缶。②人：指庄子的妻子。③长子：生儿育女。④概：通"慨"，感触哀伤。⑤察：考察，推原。其始：指其妻出生之前。

九歌图之东君　南宋·无　款

于巨室①，而我噭噭然随而哭之②，自以为不通乎命③，故止也。"

3 支离叔与滑介叔观于冥伯之丘④、昆仑之虚⑤，黄帝之所休。俄而柳瘤生其左肘⑥，其意蹶蹶然恶之⑦。支离叔曰："子恶之乎？"滑介叔曰："亡无⑧，予何恶！生者，假借也；假之而生生者，尘垢也。死生为昼夜。且吾与子观化而化及我⑨，我又何恶焉？"

4 庄子之楚，见空髑髅⑩，髐然⑪有形，撽以马捶箠⑫，因而问之，曰："夫子贪生失理，而为此乎⑬？将子有亡国之事、斧钺之诛而为此乎⑮？将子有不善之行，愧

注释：①偃然：安然。巨室：指天地。②噭噭：哀鸣的样子。③通乎命：通晓于天命。④支离叔、滑介叔：虚拟的寓言人物。冥伯：山丘名。⑤虚：丘墟。⑥柳：通"瘤"，即瘤子。⑦蹶蹶然：吃惊的样子。⑧亡：通"无"，没有。⑨观化：观察万物的变化。化及我：变化涉及我自己。⑩髑髅：即骷髅，死人的头骨。⑪髐然：枯骨暴露的样子。⑫撽：敲击。捶：通"箠"，鞭子。⑬为此：造成这样。⑭将：抑或，还是。⑮钺：斧的一种，长柄，用作兵器。

遗父母妻子之丑而为此乎?将子有冻馁之患而为此乎①?将子之春秋故及此乎②?"于是语卒③,援髑髅④,枕而卧⑤。

夜半,髑髅见现梦曰⑥:"向子之谈者似辩士。视子所言,皆生人之累也,死则

注释:①馁:饥饿。②春秋:年龄,寿命。③卒:终了。④援:拉,拉过来。⑤枕:指拿髑髅来枕垫。古音zhèn。⑥见:显现。

骷髅幻戏图　南宋·李嵩

无此矣。子欲闻死之说乎？"庄子曰："然。"髑髅曰："死，无君于上，无臣于下；亦无四时之事，从然以天地为春秋①，虽南面王乐②，不能过也。"庄子不信，曰："吾使司命复生子形③，为子骨肉肌肤④，反子父母、妻子、闾里、知识⑤，子欲之乎？"髑髅深矉蹙頞，曰⑥："吾安能弃南面王乐而复为人间之劳乎？"

5 颜渊东之齐⑦，孔子有忧色。子贡下席而问曰："小子敢问：回东之齐，夫子有忧色，何邪？"

孔子曰："善哉汝问！昔者管子有言⑧，丘甚善之，曰：'褚小者不可以怀大⑨，绠短者不可以汲深⑩。'夫若是者，以为命

注释：①从：通"纵"。从然：安逸自得的样子。②王：称王。③司命：掌管生命的神。④为：塑造，制造。⑤反：通"返"，返还。闾里：乡邻。知识：熟知熟识的人。⑥矉：通"颦"，皱眉头。蹙：收缩，皱。頞：额。⑦颜渊：孔子的弟子。⑧管子：即管仲，春秋齐国著名的政治家和思想家。⑨褚：布袋。怀：容纳。⑩绠：汲水桶上的绳索。

有所成而形有所适也①，夫不可损益。吾恐回与齐侯言尧、舜、黄帝之道，而重以燧人、神农之言②。彼将内求于己而不得，不得则惑，人惑则死。

"且女（汝）独不闻邪？昔者海鸟止于鲁郊，鲁侯御而觞之于庙③，奏《九韶》以为

注释：①命：天命，非人为的。成：定。适：合适，适宜。②重：再加上。③御：迎。觞：向人敬酒。

小白先入齐城图

乐①，具太牢以为膳②。鸟乃眩视忧悲③，不敢食一脔④，不敢饮一杯，三日而死。此以己养养鸟也，非以鸟养养鸟也。夫以鸟养养鸟者，宜栖之深林，游之坛陆⑤，浮之江湖，食之鲥鲦⑥，随行列而止，委蛇而处⑦。彼唯人言之恶闻，奚以夫譊譊为乎⑧！《咸池》、《九韶》之乐⑨，张之洞庭之野⑩，鸟闻之而飞，兽闻之而走，鱼闻之而下入，人卒闻之⑪，相与还(环)而观之⑫。鱼处水而生，人处水而死，彼必相与异，其好恶故异也。故先圣不一其能⑬，不同其事。名止于实⑭，义设于适⑮，是之谓条达而福持⑯。"

6 列子行，食于道从⑰，见百岁髑髅，攓

注释：①九韶：古代著名的乐曲名。②具：备。太牢：牛羊猪三牲齐备的祭祀规格。膳：膳食。③眩视：眼花缭乱。④脔：切成块的肉。⑤坛：平坦。⑥鲥：鳅。鲦：苍条鱼。⑦委蛇：从容自得的样子。⑧譊：喧闹嘈杂。⑨咸池：古代著名乐曲名。⑩张：演奏。洞庭之野：广漠的原野。⑪人卒：人众。⑫还：通"环"，围绕。⑬一：使……同一。⑭止：限于。⑮义：宜。设：设置，措施。⑯条达：条理通达。福持：持福，拥有幸福。⑰道从：道旁。

蓬而指之曰①："唯予与汝知而未尝死②、未尝生也。若果养恙乎③？予果欢乎？"

7 种有几④？得水则为㡭继⑤，得水土之际则为蛙蠙之衣⑥，生于陵屯则为陵舄⑦，陵舄得郁栖则为乌足⑧，乌足之根为蛴

注释：①擥：拔。蓬：草。②而：你。③若：你。养：通"恙"，忧心。④种：物种，物类。几：微。⑤㡭：同继，水绵。⑥蛙蠙之衣：青苔。⑦陵屯：高地。陵舄：车前草。⑧郁栖：粪土。乌足：草名。

箫韶九成图

蟒①，其叶为胡蝶。胡蝶，胥也②，化而为虫，生于灶下，其状若脱蜕③，其名为鸲掇④。鸲掇千日为鸟，其名为干馀骨⑤。干馀骨之沫为斯弥⑥，斯弥为食醯⑦。颐辂生乎食醯⑧，黄軦生乎九猷⑨，瞀芮生乎腐蠸⑩。羊奚比乎不箰⑪，久竹生青宁⑫；青宁生程⑬，程生马，马生人，人又反返入于机。万物皆出于机⑭，皆入于机。

注释：①蟒蟒：金龟子的幼虫，俗名地蚕。②胥：不久。③脱：同蜕。蝉蜕，蝉蛹脱下的皮。④鸲掇：干馀骨的幼虫。⑤干馀骨：鸟名。⑥沫：唾沫。斯弥：虫名。⑦食醯：醋瓮里的小虫，又叫蠛蠓。⑧颐辂：虫名。⑨黄軦：虫名。九猷：过时的酒。⑩瞀芮：虫名。腐蠸：死野猪的腐肉。⑪羊奚：草名。比：比并相合。比，古音bǐ。不箰：不长笋的竹子。⑫久竹：老竹，陈腐的竹。青宁：竹根虫。⑬程：豹。⑭机：天机，即所谓造化。

薇省黄昏图 南宋·赵大亨

杂 篇

老子观井图 清·马骀

寓言

1 寓言十九①，重言十七②，卮言日出③，和以天倪④。寓言十九，藉外论之⑤。亲父不为其子媒。亲父誉之，不若非其父者也；非吾罪也，人之罪也。与己同则应，不与己同则反；同于己为是之⑥，异于己为非之⑦。重言十七，所以已言也⑧，是为耆艾⑨。年先矣⑩，而无经纬本末以期年耆者⑪，是非先也。人而无以先人⑫，无人道也⑬；人而无人道，是之谓陈人⑭。卮言日出，和以天倪，因以曼衍⑮，所以穷年⑯。

注释：①寓言：寄寓之言。十九：十分之九。②重言：即引言，引用前辈圣哲的言论。十七：十分之七。③卮言：自然而无成见的言论。日出：时常出现。④和：合。天倪：自然。⑤藉：借助。外：他物。⑥为：则。是之：以之为是，认为是正确的。⑦非之：以之为非，认为是不正确的。⑧已言：别人说过的言论。⑨耆艾：年长的人。⑩年先：即年长。⑪经纬：事物的自然之理。本末：事物的始末原委。期：合。⑫先人：超过他人。⑬人道：为人之道。⑭陈人：老朽之人。⑮因：循。曼衍：随物推移。⑯穷：尽。

不言则齐①,齐与言不齐,言与齐不齐也,故曰无言②。言无言,终身言,未尝言③;终身不言,未尝不言。有自也而可④,有自也而不可;有自也而然⑤,有自也而不然。恶乎然?然于然。恶乎不然?不然于不然。恶乎可?可于可。恶乎不可?不可于不可。物固有所然,物固有所可,无物不然,无物不可。非卮言日出,和以天

注释:①齐:齐一,等同。②无言:不包含主观意见的话。③未尝言:未尝在论说。④自:由来。可:认可。⑤然:对的,正确的。

天保图　宋·马和之

倪,孰得其久?万物皆种也①,以不同形相禅②,始卒若环③,莫得其伦④,是谓天均⑤。天均者,天倪也。

② 庄子谓惠子曰:"孔子行年六十而六十化,始时所是,卒而非之,未知今之所谓是之非五十九非也。"惠子曰:"孔子勤志服知(智)也⑥。"庄子曰:"孔子谢之矣⑦,而其未之尝言⑧。孔子云:'夫受才乎大本⑨,复灵以生⑩。'鸣而当律⑪,言而当法。利义陈乎前,而好恶是非直服人之口而已矣⑫。使人乃以心服,而不敢蘁立⑬,定天下之定。已乎!已乎!吾且不得及彼乎⑭!"

注释:①种:指万物的源起。②形:形式,状态。禅:代,更替。③卒:终了。④伦:条理,次序。⑤天均:自然造化的均衡。⑥勤志:勤于励志。服知:运用心智。⑦谢:辞去,抛弃。⑧而:你。未之尝言:未尝言之,未曾说明罢了。⑨受才:禀受才智。大本:大道,自然。⑩复灵:恢复灵性。⑪当:符合。律:音律。⑫直:只,仅仅。⑬蘁:违逆,不顺从。⑭彼:指代孔子。

3 曾子再仕而心再化①，曰："吾及亲仕②，三釜而心乐③；后仕，三千钟而不洎④，吾心悲。"弟子问于仲尼曰："若参者，可谓无所县悬其罪乎⑤？"曰："既已县悬矣。夫无所县悬者，可以有哀乎？彼视三釜三千钟⑥，如观雀蚊虻相过乎前也⑦。"

注释：①曾子：曾参，孔子的弟子。再：第二次。化：变化。②及：趁，赶上。及亲仕：趁双亲还在世出来做官。③釜：古代计量谷物的单位。三釜：指微薄的俸禄。④钟：古代计量谷物的单位。洎：及。不洎：没赶上双亲在世。⑤县：悬，牵挂。罪：过错，指为爵禄所牵累。⑥彼：指那些不为俸禄所牵累的人。⑦雀、蚊虻：都是鸟类和能飞的昆虫中的细小者，飞过后更不会留下印迹，用来比喻瞬间即逝不会存留心中。

四牡图　宋·马和之

4 颜成子游谓东郭子綦曰①："自吾闻子之言，一年而野②，二年而从③，三年而通，四年而物④，五年而来⑤，六年而鬼入⑥，七年而天成⑦，八年而不知死、不知生，九年而大妙⑧。

"生有为，死也⑨。劝公以其私⑩，死也有自也⑪；而生阳也⑫，无自也。而果然乎⑬？恶乎其所适？恶乎其所不适⑭？天有历数⑮，地有人据⑯，吾恶乎求之？莫知其所终，若之何其无命也⑰？莫知其所始，若之何其有命也？有以相应也，若之何其无鬼邪？无以相应也，若之何其有鬼邪？"

注释：①颜成子游、东郭子綦：杜撰的人名。②野：质朴。③从：顺从。④物：与物同化。⑤来：众人来归。⑥鬼入：神鬼来附。⑦天成：合于自然。⑧大妙：达到玄妙之境。⑨死：等同于死亡。⑩劝：助。公：天道。私：个人的作为。⑪自：由，缘由。⑫生阳：生命感于阳气。⑬而：你。然：这样。⑭恶乎：何处。⑮历数：日月星辰之运行。⑯人据：人们赖以生存的处所。⑰若之何：怎么。

5. 众罔两问于景（影）曰①："若向也俯而今也仰②，向也括撮而今也被（披）发③，向也坐而今也起，向也行而今也止，何也？"景（影）曰："搜搜也④，奚稍问也⑤？予有而不知其所以。予，蜩甲也⑥，蛇蜕也，似之而非也。火与日，吾屯也⑦；阴与夜，吾代也⑧。彼吾所以有待邪⑨？而况乎以（已）无有待者乎？彼来则我与之来，彼往则我与之往，彼强阳则我与之强阳⑩。强阳者，又何以

注释：①罔两：影外的暗影。景：影。②若：你。向：以前。③括撮：束发。④搜搜：无心运动的样子。⑤奚稍：何须。⑥蜩甲：蝉蜕下的皮。⑦屯：聚。⑧代：隐息，消失。⑨彼：指火与日。待：凭借。⑩强阳：运动的样子。

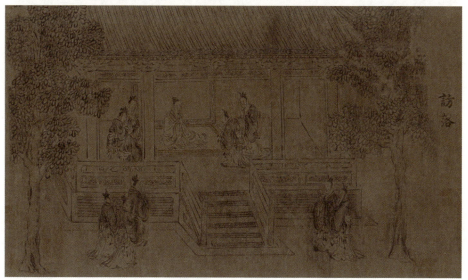

访落图　宋·马和之

有问乎？"

6 阳子居南之沛①，老聃西游于秦②，邀于郊③，至于梁而遇老子④。老子中道仰天而叹曰："始以汝为可教，今不可也。"阳子居不答。至舍⑤，进盥漱巾栉⑥，脱屦户外⑦，膝行而前，曰："向者弟子欲请夫子，夫子行不闲⑧，是以不敢。今闲矣，请问其过。"老子曰："而睢睢盱盱⑨，而谁与居？大白若辱⑩，盛德若不足。"阳子居蹴然变容⑪，曰："敬闻命矣！"其往也⑫，舍者迎将⑬。其家公执席⑭，妻执巾栉⑮，舍者避席，炀者避灶⑯。其反也，舍者与之争席矣。

注释：①阳子居：人名，即阳朱。之：往。沛：地名。②秦：指今陕西一带。③邀：迎候。④梁：地名。老子：老聃。⑤舍：馆舍，旅店。⑥盥：洗手。栉：梳篦。⑦屦：麻鞋。⑧行不闲：旅行途中没有空闲。⑨而：你。睢睢盱盱：傲慢的样子。⑩大白：非常洁白。辱：污点，污垢。⑪蹴然：蹙然，羞惭不安的样子。⑫其：指阳子居。⑬舍者：旅客。将：送。⑭公：旅店的男主人。执席：让出坐席。⑮妻：旅店女主人。执巾栉：亲手拿着毛巾、梳子服侍盥洗。⑯炀：烤火。

说剑

1 昔赵文王喜剑①，剑士夹门而客三千馀人②，日夜相击于前，死伤者岁百馀人，好之不厌③。如是三年，国衰，诸侯谋之④。太子悝患之⑤，募左右曰⑥："孰能说王之意止剑士者，赐之千金。"左右曰："庄子当能。"

太子乃使人以千金奉庄子⑦。庄子弗受，与使者俱往见太子曰："太子何以教周，赐周千金？"太子曰："闻夫子明圣，谨奉千金以币从者⑧。夫子弗受，悝尚何敢言！"庄子曰："闻太子所欲用周

注释：①赵文王：即赵惠文王。②夹门：聚于门下。客：作客。③厌：满足。④谋之：图谋攻打赵国。⑤悝：太子名。⑥募：召募。⑦奉：赠予。⑧币：赠送。

者,欲绝王之喜好也。使臣上说大王而逆王意①,下不当太子②,则身刑而死,周尚安所事金乎?使臣上说大王,下当太子,赵国何求而不得也!"太子曰:"然。吾王所见,唯剑士也。"庄子曰:"诺,周

注释:①使:假使。②当:合。

弹铗长歌图　清·吴友如

善为剑。"太子曰："然吾王所见剑士，皆蓬头、突鬓、垂冠①，曼胡之缨②，短后之衣③，瞋目而语难④，王乃说（悦）之⑤。今夫子必儒服而见王，事必大逆⑥。"庄子曰："请治剑服。"治剑服三日，乃见太子。太子乃与见王⑦，王脱白刃待之⑧。

2 庄子入殿门不趋⑨，见王不拜。王曰："子欲何以教寡人，使太子先？"曰："臣闻大王喜剑，故以剑见王。"王曰："子之剑何能禁制⑩？"曰："臣之剑，十步一人⑪，千里不留行⑫。"王大悦之，曰："天下无敌矣！"

庄子曰："夫为剑者，示之以虚，开之以利，后之以发，先之以至。愿得试

注释：①突鬓：鬓毛突出。垂冠：低垂着帽子。②曼胡之缨：系着粗实的帽缨。③短后之衣：便于打斗的短衣。④瞋目：瞪着眼。语难：口齿不清。⑤乃：竟。说：喜悦。⑥逆：不顺。⑦与见王：即与之进见王。⑧脱：解下。⑨趋：快步上前。⑩禁制：制服。⑪十步一人：每十步之内杀死一人。⑫千里不留行：行走千里也不会受阻。

之。"王曰："夫子休，就舍①待命，令设戏请夫子②。"王乃校剑士七日③，死伤者六十馀人，得五六人，使奉剑于殿下④，乃召庄子。王曰："今日试使士敦剑⑤。"庄子曰："望之久矣。"王曰："夫子所御杖⑥，长短何如？"曰："臣之所奉皆可。然臣有三剑，唯王所用，请先言而后试。"

王曰："愿闻三剑。"曰："有天子剑，有诸侯剑，有庶人剑。"王曰："天子之剑何如？"曰："天子之剑，以燕谿、石城为锋⑦，齐岱为锷⑧，晋、卫为脊⑨，周、宋为镡⑩，韩、魏为夹铗⑪；包以四夷，裹以四时，绕以渤海，带以常山⑫；制以五行⑬，论以刑德⑭；开以阴阳，持以春秋，行以

注释：①就舍：在宿舍休息。②设戏：安排击剑比赛。③校：比试、较量。④奉：恭敬地捧着，拿着。⑤敦剑：对剑。敦：比试。⑥御：用。杖：剑。⑦以：用。谿：燕国一地名。石城：塞北一山名。锋：剑尖。⑧岱：山名，即泰山。锷：剑刃。⑨脊：剑背。⑩镡：剑环。⑪夹：通"铗"，剑把。⑫常山：即恒山。⑬制：制约。五行：金木水火土。⑭论：论断。刑德：刑律与德化。

秋冬。此剑，直之无前①，举之无上，案(按)之无下②，运之无旁，上决浮云③，下绝地纪④。此剑一用，匡诸侯⑤，天下服矣。此天子之剑也。"文王芒然自失⑥，曰："诸侯之剑何如？"曰："诸侯之剑，以知(智)勇士为锋⑦，以清廉士为锷，以贤良士为脊，以忠圣士为镡，以豪杰士为夹(铗)。此剑，直之亦无前，举之亦无上，案(按)之亦无下，运之亦无旁；上法圆天，以顺三光⑧，下法方地，以顺四时，中和民意，以安四乡⑨。此剑一用，如雷霆之震也，四封之内⑩，无不宾服而听从君命者矣⑪。此诸侯之剑也。"王曰："庶人之剑何如？"曰："庶人之剑，蓬头、突鬓、垂冠，曼胡之缨，短后之衣，瞋目而语难。相击

注释：①直：直刺。无前：前无所阻。②案：按，向下压。③决：割开。④绝：斩断。地纪：即地维，指大地的四角。⑤匡：匡正。⑥芒然：即茫然。⑦知勇：智勇。⑧法：效法。三光：日、月、星辰。⑨四乡：四方。⑩封：封疆，疆界。四封：四境。⑪宾服：归服。

于前,上斩颈领,下决肝肺,此庶人之剑,无异于斗鸡,一旦命已绝矣,无所用于国事。今大王有天子之位而好庶人之剑,臣窃为大王薄之①。"

王乃牵而上殿。宰人上食,王三环之②。庄子曰:"大王安坐定气,剑事已毕奏矣。"于是文王不出宫三月,剑士皆服毙其处也③。

注释:①薄:鄙薄,不应看重。②三环之:围着坐席绕了三圈。③服毙:自杀。其处:所居的客舍。

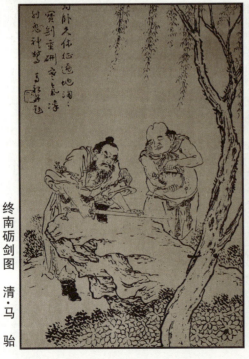

终南砺剑图 清·马骀

闻鸡起舞图 清·马骀

庄周梦蝶图 清·马骀

"尚雅"国学经典书系

中华国学经典诵读本

书　名	定价（元）	书　名	定价（元）
三字经	10.00	千字文·百家姓	16.00
笠翁对韵	14.00	声律启蒙	14.00
声律发蒙·学对歌诀	16.00	启蒙巧对·时古对类	15.00
幼学琼林	20.00	孝经·弟子规	12.00
增广贤文	15.00	五字鉴	18.00
论　语	18.00	孟　子	20.00
大学·中庸	15.00	诗　经	20.00
易　经	20.00	尚　书	20.00
老　子	20.00	庄　子	20.00
千家诗	16.00	唐诗三百首	20.00
宋词三百首	20.00	元曲三百首	20.00
孙子兵法	12.00	三十六计	14.00

服　务　地　址

① 广州市海珠区建基路85、87号广东省图书批发市场304档B
　广东智文科教图书有限公司(510230)
　咨询热线：（020）34218210　34218090
　传　　真：（020）34297602

② 南京市四牌楼2号东南大学出版社
　咨询热线：（025）83795802
　传　　真：（025）57711295